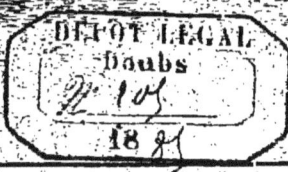

LES
ÉTATS DE FRANCHE-COMTÉ
DE 1788

DOCUMENTS INÉDITS

PRÉCÉDÉS D'UNE INTRODUCTION

Par le docteur J. MEYNIER

Médecin-major de 1re classe au 109e régiment d'infanterie
Membre de l'Académie de Besançon et de la Société d'Émulation du Doubs
Chevalier de la Légion d'honneur.

BESANÇON

IMPRIMERIE DODIVERS ET Cie, GRANDE-RUE, 87

1885

LES
ÉTATS DE FRANCHE-COMTÉ
DE 1788

DOCUMENTS INÉDITS

PRÉCÉDÉS D'UNE INTRODUCTION

Par le docteur J. MEYNIER

Médecin-major de 1re classe au 109e régiment d'infanterie
Membre de l'Académie de Besançon et de la Société d'Émulation du Doubs
Chevalier de la Légion d'honneur.

BESANÇON

IMPRIMERIE DODIVERS ET Cie, GRANDE-RUE, 87

1885

Extrait des Mémoires de la Société d'Emulation du Doubs. Séance du 12 juillet 1884.

LES
ÉTATS DE FRANCHE-COMTÉ
DE 1788

L'histoire de la dernière « tenue » des états de Franche-Comté est encore à faire. Aucun de nos historiens n'en a parlé avec quelques détails. Les graves événements, qui ont rendu l'année 1789 à jamais mémorable, ont beaucoup nui au souvenir de cette généreuse tentative d'évocation d'un passé glorieux. Notre vieille constitution provinciale, à peine restaurée, était destinée à disparaître aussitôt, cette fois-ci sans retour, avec toutes les institutions de notre ancien régime.

Les documents, qui ont servi à la rédaction de cette courte notice, font partie des archives de l'ancien Gouvernement militaire de la province. Enfouis, depuis près d'un siècle, dans un carton de leur dépôt (1), ils ont échappé jusqu'à ce jour aux investigations des Franc-Comtois curieux du passé de leur pays. Heureux de pouvoir les rendre à la lumière, nous les publions *in extenso* et nous bornons notre œuvre à quelques pages d'introduction, persuadé que leur lecture sera plus intéressante que le meilleur des commentaires.

Cette histoire commence avec les derniers jours du mois de mai 1788. L'infortuné Louis XVI vient, à l'instigation de

---

(1) N° CLXXIX.

ses ministres Brienne (1) et Lamoignon (2), les plus déplorables conseillers qu'il ait eus encore, de rendre un édit dont l'exécution sera une atteinte grave au pouvoir judiciaire des parlements et la ruine complète de leur puissance politique. Des protestations foudroyantes partent de tous les parlements (3). Elles sont suivies de l'enregistrement forcé de l'édit, contre lequel elles se sont élevées, et de l'exil des magistrats qui les ont signées (10 mai).

Peu de temps après cette double exécution, un certain nombre de gentilshommes de la province ont conçu le dessin de demander le rétablissement des anciens Etats et le rappel de ses premiers magistrats. Le maréchal comte de Vaux, commandant en chef pour Sa Majesté, qui a eu connaissance de ce fait, en informe le comte de Brienne dans une lettre datée du 1er juin (4) et lui rend compte également d'une réunion récente des chanoines de la Métropole, dans laquelle on a délibéré sur les mêmes objets. (5)

Ce n'est que le 6 juillet seulement, et alors que la fermentation produite par la proscription de la magistrature fait

---

(1) Etienne-Charles-Louis de Loménie de Brienne, né en 1727, évêque de Condom, puis archevêque de Toulouse, enfin archevêque de Sens et cardinal, succéda en 1787 à Calonne comme contrôleur-général des finances, et devint bientôt principal ministre. Il ne sut montrer que de l'incapacité. Arrêté à Sens en 1793, bien qu'il eût prêté serment à la constitution civile du clergé et qu'il fût d'une impiété notoire, il s'empoisonna dans sa prison.

(2) Chrétien-François de Lamoignon (1735-1789), président au parlement de Paris, partagea l'exil de cette cour, en 1772, succéda en 1787 à Miromesnil comme garde des sceaux.

(3) Le parlement de Pau protesta le 2, celui de Rouen le 5, ceux de Rennes et de Nancy le 7, ceux d'Aix et de Besançon le 9, ceux de Bordeaux et de Dijon le 11.

(4) V. le *Document* n° 1. — Le comte de Brienne, ministre de la guerre, était le frère du principal ministre, Loménie de Brienne.

(5) Noël Jourda, comte de Vaux, né en 1705 au château de Vaux en Velay, entra au service du roi en 1724, passa par tous les grades, assista à 4 batailles rangées, 10 combats, 19 sièges, se distingua surtout dans les guerres de Flandre, commanda en chef dans la Corse, fit la conquête de l'île en trois mois (1769), et reçut le bâton de maréchal en 1785.

craindre des soulèvements en divers points du royaume, que l'archevêque de Sens se décide à donner ses instructions au maréchal. Il le fait sur un ton comminatoire qui dissimule assez mal sa faiblesse naturelle et ses appréhensions (1). Il est averti que quelques gentilshommes franc-comtois veulent s'assembler à Besançon le 16 juillet ; il faut prévenir cette réunion qui ne serait pas régulière ; le roi pourrait peut-être permettre des Etats provinciaux, mais ce ne serait pas le moyen de les obtenir que de les demander d'une manière illégale et peu respectueuse.

Prévenus par le maréchal, qui leur communique la lettre du « principal » ministre, les promoteurs du mouvement paraissent d'abord renoncer à leur dessein et prennent le parti de députer deux d'entre eux à Versailles. Leur choix s'arrête sur le baron d'Uzelle et le chevalier de Sorans.

Sur ces entrefaites le maréchal de Vaux est envoyé dans le Dauphiné, pour y rétablir l'autorité royale tenue en échec par le parlement et le peuple de Grenoble. Fidèles à la parole qu'ils lui ont donnée, les gentilshommes franc-comtois ne se réunissent pas le 16, ainsi qu'ils avaient l'intention de le faire (2).

Cependant, les commissaires de la Chambre ecclésiastique, assemblés à Besançon pour régler les affaires du clergé de la province, ayant appris le départ de messieurs d'Uzelle et de Sorans, ainsi que son objet, écrivent à l'archevêque de Sens pour le prier de les autoriser à joindre deux délégués à ceux de la noblesse (12 août) (3).

Une partie de la noblesse de Franche-Comté a l'habitude de se rendre à Besançon à l'occasion de la fête de Saint-Louis (25 août), qui est celle du roi. L'Académie a sa séance publique la veille, et beaucoup de gentilshommes font partie

---

(1) V. le *Doc.* n° II.
(2) V. le *Doc.* n° III.
(3) V. le *Doc.* n° IV.

de la compagnie par droit de naissance ou par droit de conquête. Le 25 est un jour férié, tout entier consacré à des solennités religieuses, militaires et civiles. Impatients de voir se réaliser les promesses de Brienne et, peut-être, dans le secret dessein d'en provoquer le prompt accomplissement, une trentaine de membres de la noblesse profitent de leur présence dans la capitale pour s'assembler chez le comte de Roussillon et y signer une adresse au roi. Le marquis de Saint-Simon [1] qui commande la province en l'absence du maréchal de Vaux, en est instruit. Il prie aussitôt le chevalier de Sorans d'user de son influence auprès des membres de la réunion pour les décider à la dissoudre. On consent à se séparer, mais en manifestant hautement l'intention de se réunir le 10 septembre ailleurs qu'à Besançon, si la Cour n'a pas encore fait droit aux demandes des délégués de la noblesse [2].

Brienne cherche toujours à gagner du temps. Le 4 septembre, il annonce à M. de Saint-Simon que le roi est décidé à accorder à la Franche-Comté le rétablissement de ses États, mais qu'il mande auprès de lui des personnages des trois ordres pour prendre leur avis sur la manière de les rétablir et sur la forme à leur donner [3]. Les personnages mandés à Versailles sont deux membres du *clergé*, MM. de Lezay-Marnézia, abbé de Bellevaux et de Tinseau, abbé de Bithaine ; trois membres de la *noblesse*, MM. le comte de Roussillon, le baron d'Uzelle et le chevalier de Sorans ; enfin, deux membres du *tiers-état*, MM. Laurent, conseiller à l'hôtel de ville de Besançon, et Blanc, avocat au Parlement. Mais les représentants du clergé sont des abbés de cour fixés à Paris depuis des années, et ceux de la noblesse et du tiers sont suspects par ce seul fait que le ministre les a désignés. Leur

---

[1] Desmier d'Archiac, marquis de Saint-Simon.
[2] V. le *Doc.* n° V.
[3] V. le *Doc.* n° VI.

départ pour Versailles n'arrêtera pas les gentilshommes qui ont résolu de se réunir le 10. L'assemblée est convoquée par billets non signés et le lieu désigné est Quingey (1).

Sans ordres de la Cour, sans instructions sur la conduite à tenir en cette circonstance, M. de Saint-Simon se décide, au dernier moment, à dépêcher au chevalier de Sorans, qu'il savait devoir se trouver à la réunion de Quingey, un officier de son état-major, le sieur Blanchard (2). Sur les instances du chevalier, l'assemblée se dissout dans la crainte de compromettre un fonctionnaire qu'elle estime, mais en protestant du droit « incontestable que la noblesse de Franche-Comté a de s'assembler pour représenter respectueusement au roi ce qu'elle croit de mieux pour sa gloire et pour le bien de la patrie (3). »

Mais la dissolution de l'assemblée n'a été qu'une feinte, et, comme M. de Saint-Simon lui-même en a exprimé la crainte au comte de Brienne (4), ses membres se rendent isolément dans un lieu voisin de Quingey. Ils se réunissent de nouveau au prieuré de Saint-Renobert, maison isolée aux portes de la ville, et tiennent séance de 11 heures du matin à 4 heures 1/2 de l'après-midi. Ils prennent, comme président provisoire, leur doyen-d'âge, le marquis de Jouffroy d'Abbans, nomment des commissaires, deux par bailliage, pour s'occuper des affaires générales, des syndics, au nombre de six, pour travailler à la rédaction d'un mémoire qu'ils ont le projet de faire présenter au roi par cinq députés, et s'ajournent au 1er octobre, sans désigner le lieu où ils devront se réunir (5).

En ce moment, la Cour, inquiétée partout par la noblesse et le clergé, qui lui font la guerre en invoquant l'intérêt du

---

(1) V. le *Doc.* n° VII.
(2) V. le *Doc.* n° XI.
(3) V. les *Doc.* n°s VIII, IX et X.
(4) V. le *Doc.* n° VII.
(5) V. le *Doc.* n° XIV.

peuple et en provoquant son intervention, se décide de son côté à recourir au même moyen et à appeler le tiers-état à son aide, comme avaient fait autrefois des prédécesseurs de Louis XVI pour anéantir la féodalité. Alors a lieu la retraite de Brienne, « qui par des projets hardis faiblement exécutés avait provoqué une résistance qu'il ne fallait pas exciter ou vaincre (1). » La Cour, qui presse par tous les moyens la réunion des États généraux, et qui prescrit des recherches sur le mode de leur réunion, ne peut continuer à faire mauvais accueil aux revendications de la noblesse franc-comtoise. M. de Saint-Simon reçoit l'ordre de faire partir pour Versailles les personnages des trois ordres que Sa Majesté veut consulter au sujet du rétablissement des États particuliers de la Franche-Comté. Cet ordre paraît de nature à changer les dispositions des gentilshommes franc-comtois et à les faire renoncer à leur assemblée du 1er octobre. M. de Saint-Simon le communique à quelques-uns d'entre eux. Mais averti de ce qui s'est passé dans la journée du 10 septembre, il compte peu sur l'effet de ce bon procédé (2). Le 30 septembre, il fait une tentative auprès de M. de Jouffroy d'Abbans, président de l'assemblée projetée, et lui mande qu'aussi longtemps qu'il ne sera pas autorisé à permettre les assemblées de la noblesse, il s'y opposera de tout son pouvoir (3). Le vieux marquis lui répond fièrement que la noblesse a le droit de se réunir pour adresser ses doléances à son souverain, et que ses sentiments lui sont assez connus pour qu'il puisse conserver la moindre inquiétude sur des démarches, dans lesquelles le zèle pour la patrie ne se séparera jamais de la fidélité et du respect pour le roi (4).

La noblesse se réunit le 1er octobre dans le village de

---

(1) V. THIERS, *Histoire de la Révolution et de l'Empire*, t. 1, p. 23.
(2) V. les *Doc.* nos XV, XVI, XVII, XVIII et XIX.
(3) V. le *Doc.* no XX.
(4) V. le *Doc.* no XXI.

Chouzelot, près de Quingey, et M. de Saint-Simon apprend qu'on s'y est occupé de la lecture d'un mémoire au roi, rédigé par M. de Tinseau, capitaine au corps royal du génie, mémoire que la noblesse a fait imprimer hors de la province, et dont elle vient de répandre un grand nombre d'exemplaires (1).

Enfin, un arrêt du Conseil décide que les Etats de Franche-Comté seront convoqués le 26 novembre 1788, dans la même forme qu'en 1666. La seule question dont ils auront à s'occuper sera celle de leur réorganisation ; ils auront à rédiger un projet de constitution qui sera soumis à l'approbation du roi (2). M. de Saint-Simon et M. Le Fèvre de Caumartin de Saint-Ange, intendant du comté de Bourgogne, sont nommés commissaires du roi auprès des Etats (3). Des lettres de convocation sont adressées aux membres du clergé et de la noblesse qui ont droit de séance aux États, ainsi qu'aux maires des *quatorze villes* et aux premiers magistrats des *prévôtés* qui y sont représentées (4). M. Roux de Raze, lieutenant-général du bailliage de Vesoul, est convoqué comme président-né de la chambre du Tiers-Etat (5).

On peut dire que l'adoption par la Cour de l'ancienne forme des États de Franche-Comté a été funeste à l'assemblée de 1788, et cela d'autant plus qu'elle devait constituer.

La représentation du clergé était excessive, 83 membres (6) ; celle de la noblesse, illimitée de sa nature (7), devait atteindre

---

(1) V. le *Doc.* n° XIX.
(2) V. le *Doc.* n° XXII.
(3) V. les *Doc.* n°s XXII, XXXII et XXXIII.
(4) V. les *Doc.* n°s XXIII, XXIV, XXIX, XXX et XXXI.
(5) V. le *Doc.* n° XXVIII.
(6) Elle se composait de l'archevêque de Besançon président des Etats et de la chambre du clergé, des députés des 20 chapitres, de 21 abbés et de 41 prieurs.
(7) Pour être admis dans la chambre de la noblesse, il suffisait d'être

le même chiffre, tandis que celle du tiers-état ne se composait que des 35 députés des villes [1] et des 19 députés des prévôtés [2]. En dehors des 14 villes, combien de centres de population d'importance égale, et même, pour l'un d'eux, supérieure, qui ne députaient pas. Besançon, la capitale et la ville la plus populeuse de la province, n'avait pas de siège aux Etats ; Champlitte, Héricourt, Lure, Luxeuil, Saint-Amour n'étaient pas représentés ; il en était de même des bourgs de Clerval, Clairvaux, Faverney, Gy, Nozeroy, Pesmes, Rougemont, Saint-Hippolyte, Vercel, Vuillafans ; Jussey et Saint-Claude ne l'étaient pas suffisamment. Les campagnes avaient plus à se plaindre encore que les villes : les habitants des 19 prévôtés étaient seuls électeurs. Des bailliages entiers, ceux d'Arbois, de Baume, de Besançon, de Gray, d'Orgelet, d'Ornans, de Quingey, de Salins ne l'étaient pas. Il ne faut pas s'étonner, dès lors, que deux villes, Gray [3] et Champlitte, et une vingtaine de villages du ressort abbatial de Lure [4] aient protesté contre la convocation des Etats dans

---

noble et de posséder dans la province des terres ou des fiefs auxquels était attaché le droit de justice.

(1) Les villes étaient, par ordre de préséance, Salins (3 députés), Dole (5), Gray (2), Vesoul (3), Arbois (3), Poligny (2), Pontarlier (2), Baume (3), Ornans (2), Orgelet (2), Quingey (2), Lons-le-Saulnier (2), Faucogney (2) et Bletterans (2). Le maire était de droit l'un des députés.

(2) Les prévôtés étaient, par ordre de préséance : Saint-Claude, Morteau, Jussey, Château-Chalon, Moirans, Montmorot, Port-sur-Saône, Châtillon-le-Duc, Montjustin, Cromary, Monthozon, Rochefort, Orchamps, Fraisans, Colonne, La Loye, Chariey, Montmirey-le-Château et Gendrey. Leurs députés, 1 pour chacune d'elles, prenaient le titre de *prévôts*, bien qu'ils n'eussent rien de commun avec les magistrats de ce nom. On les appelait ainsi, parce qu'ils étaient momentanément préposés (*præpositi*) à la défense des intérêts de leurs commettants.

(3) Gray, conséquent avec lui-même, ne voulut pas nommer de député et ne fut représenté que par son maire.

(4) Amblans, Andornay, Bouhans, Cadmoutier, Chalonvillars, Champagney, Courmont, Frahier, Froideterre, La Côte, La Ville, Lomont, Lyoffans, Magny, Morière, Plancher, Recologne, Rhien, Ronchamp, Roye et Vouhenans.

les formes anciennes. Un concert de protestations et de réclamations s'éleva, d'ailleurs, de toutes parts. (Ici, on demande que les communes de Franche-Comté soient assemblées pour émettre leur vœu sur une nouvelle organisation de l'assemblée provinciale (1); là, on demande qu'elle soit constituée comme celle du Dauphiné (6). Les négociants de Besançon supplient le roi d'ordonner qu'ils y seront représentés. La ville de Dole, l'ancienne capitale, en réclame le siège. Les villes de Champlitte, Jussey, Lure, Luxeuil, Ornans, Pesmes, Saint-Amour et Saint-Claude veulent que les représentants du Tiers soient admis aux Etats en nombre égal à ceux des deux autres ordres réunis, et, conséquemment, que la noblesse et le clergé n'assistent que par députés, et que les voix soient comptées par tête. Ce désir est aussi celui des habitants de la baronie de Faucogney et d'un grand nombre de villages, plus de deux cents, des environs de Faucogney, de Lure et de Saint-Amour.) Aussi, le premier acte de la chambre du Tiers sera-t-il de signifier aux commissaires royaux son intention formelle d'envoyer une députation à Versailles pour obtenir la convocation des communes de la province; et ce projet eut l'adhésion des deux autres chambres. Mais n'anticipons pas sur les évènements.

Les Etats s'ouvrirent le 26 novembre. Les membres de la noblesse avaient au préalable vérifié les titres des gentilshommes, qui prétendaient y avoir entrée (3), et procédé à

---

(1) Pétitions de Lons-le-Saulnier et de trois villages des environs de Lure : Frotey, Plancher-Bas et Vy-les-Lure.
(2) Pétitions de Gy et de Poligny.
(3) Les commissaires nommés par la chambre de la noblesse pour examiner les preuves étaient : 1° pour le bailliage de *Salins*, MM. de Boutechoux et Bancenel de By; 2° pour celui de *Dole*, MM. de Vaulchier du Deschaux et de Balland; 3° pour celui de *Gray*, MM. Du Val et de Queutrey; 4° pour celui de *Vesoul*, MM. d'Andelarre, de Molans, d'Ormenans et de Raincourt; 5° pour celui d'*Arbois*, MM. de Bontemps et de Glanne; 6° pour celui de *Poligny*, M. de Patornay; 7° pour celui de *Pontarlier*, M. de Bannans; 8° pour celui de *Baume*, MM. de Falletans et de Maîche;

— 12 —

l'élection de leur président, qui fut le prince de Bauffremont. Les chambres réunies à l'hôtel du Commandement, qu'on avait mis provisoirement à leur disposition, (1) se rendirent processionnellement à la messe du Saint-Esprit. A leur retour au Commandement, l'ouverture des Etats eut lieu avec le cérémonial prescrit par la Cour (2). Une députation de trois membres, un de chaque ordre (3), alla annoncer aux commissaires du roi la réunion des trois ordres; une seconde députation composée de six membres, deux de chaque ordre (4), les reçut au pied des escaliers. Le marquis de Saint-Simon était en manteau et coiffé d'un chapeau à plumes, et M. de Saint-Ange avait revêtu l'habit de cérémonie particulier aux membres du Conseil. Les commissaires remirent leurs pouvoirs aux mains de l'Archevêque de Besançon, président des Etats, qui en fit donner lecture par le secrétaire provisoire de l'assemblée (5). Enfin, la séance fût ouverte et se passa « en compliments, suivant l'usage (6). »

9° pour celui d'*Ornans*, M. de Chevigney ; 10° pour celui de *Quingey*, M. de Mesmay ; 11° pour celui de *Lons-le-Saunier*, MM. de Grivel et de Pillot ; 12° pour celui de *Besançon*, MM. de Salans et de Saône.

Le certificat à délivrer par les commissaires était ainsi conçu : « Nous soussignés, commis à l'examen de ceux qui prétendent entrer en la chambre de la noblesse, ayant examiné les titres que Noble. . . . . . . nous a fait paroître, avons reconnu icelui avoir les qualités nécessaires pour entrer en ladite chambre, et y avoir délibération comme les autres.

» En foi de quoi nous avons signé le présent certificat.

» A Besançon le 29 novembre 1788. »

(1) Elles durent le céder le 12 décembre au marquis de Langeron, successeur du maréchal de Vaux, et demander l'hospitalité au Collége, où elles se rendirent solennellement. — V. les *Doc.* n°s XL, XLI et XLII.

(2) V. le *Doc.* n° XXXIII.

(3) L'abbé de Marnésia, le baron d'Izelin et M. Chartrain, maire de Dole.

(4) L'évêque de Rhosy, l'abbé de Laubespin, le prince de Montbarrey, le chevalier de Trestondans, M. Brillon, maire de Lons-le-Saulnier, et M. Teste, maire d'Ornans.

(5) M. Juhé, secrétaire-archiviste du Commandement. — V. les *Docum.* n°s XXXI et XXXII.

(6) V. les *Doc.* n°s XXXIV, XXXV, XXXVI, XXXVII et XXXVIII.

Après la sortie des commissaires, qui furent reconduits par les mêmes députations, les trois ordres, sur l'invitation du président des Etats, se retirèrent dans les salles affectées à leurs séances particulières.

Dans la journée du 27, les trois chambres s'occupèrent de règlements de police intérieure. La chambre de la noblesse nomma des commissaires chargés de travailler, avec ceux qui seraient nommés par les deux autres chambres, à un plan de constitution, dont les bases furent provisoirement arrêtées (1). Pendant ce temps, le Tiers procédait à l'élection de son président. Le président, né de la troisième chambre, M. Roux de Raze, lieutenant-général du bailliage de Vesoul, avait déclaré renoncer, tant pour lui que pour ses successeurs, à une prérogative attachée à sa charge (2). Touchés de cette preuve de libéralisme, les membres du Tiers l'acclamaient aussitôt président pour cette tenue (3).

Jusqu'à ce moment « les trois ordres étaient assez d'accord, » selon l'aimable expression du marquis de Saint-Simon (4). Mais cette belle harmonie ne devait pas tarder à être troublée. Nous avons vu que le Tiers avait notifié aux commissaires royaux son intention d'envoyer une députation à Versailles pour demander la convocation des communes de la province (5). Il ne cachait pas, en même temps, celle de

---

(1) V. le *Doc.* nº XXXV.

(2) Cette charge était devenue vénale depuis la conquête, en sorte qu'on pouvait acheter la présidence du Tiers-Etat.

(3) V. le *Doc.* nº LV.

(4) V. le *Doc.* nº XXXV.

(5) V. le *Doc.* nº XXXIX. — Voici les considérants d'une délibération prise à ce sujet : « Les Gens du Tiers-Etats assemblés à Besançon, par Lettres closes de Sa Majesté, considérant qu'ils étoient à peine les représentants de la cinquième partie de la Franche-Comté ; qu'un grand nombre de villes, bourgs et villages réclamoient le droit de concourir à la formation du plan pour l'organisation future des Etats ; que beaucoup d'autres protestoient contre tout avis qui seroit donné sans leur participation, pensèrent que leur premier devoir étoit de supplier le Roi de permettre la convocation des communes non représentées ; ils firent part de ce projet

protester contre la représentation abusive des deux premiers ordres. Mais il acquit bientôt la triste conviction que les deux ordres privilégiés ne consentiraient jamais à renoncer à leurs prérogatives, et prétendaient siéger en personne, et non par députés, à l'avenir comme dans le passé. Ce système rendait illusoire toute augmentation du nombre de ses membres. Dès lors, il renonça à travailler avec les ordres du clergé et de la noblesse, et se confina dans sa chambre, pour y discuter un plan de constitution particulière.

La session ne dura que six semaines, espace de temps bien court, si l'on pense à l'importance de l'œuvre et à l'inexpérience des ouvriers. En dépit des rigueurs de l'hiver, le plus froid du siècle après celui de 1709, l'assiduité des gens des Etats aux travaux des différentes chambres était telle que l'objet de la réunion fut rempli en trois semaines (1). Les trois autres semaines furent dépensées en démarches infructueuses des commissaires royaux, des présidents et des commissaires des trois chambres pour amener une conciliation impossible entre des principes d'ordres contradictoires. Les instructions envoyées par le roi à ses commissaires témoignaient de la plus grande sollicitude pour le Tiers-Etat. Louis XVI, convaincu du patriotisme et du zèle

---

au Clergé et à la Noblesse qui y donnèrent leur adhésion. Pour en accélérer l'exécution, ils ont nommé des députés qui se sont rendus à Versailles, où ayant appris la convocation prochaine des Etats-Généraux, ils conçurent l'idée de profiter des assemblées qui seroient faites à ce sujet pour interroger toutes les communes sur les vœux qu'elles avoient à porter concernant la formation de leurs Etats provinciaux. Ce vœu seroit exprimé à l'assemblée de Besançon par les députés qui seroient en même temps chargés des cahiers de doléances pour les Etats-Généraux. Ce moyen, qui remplira les désirs de la province en faisant éviter les retards, les frais et les mouvements, mettra Sa Majesté et son Conseil à portée de connoître dans la plus exacte vérité les sentiments de tous ses sujets Franc-Comtois. »

(1) Les deux plans d'organisation sont datés l'un et l'autre du 15 décembre. — V. les *Doc.* n° XLIII, XLIV et XLV.

éclairé des deux premiers ordres pour le bien public, ne doutait pas qu'ils subordonnassent à leurs intérêts particuliers celui de la classe la plus nombreuse et, jusqu'alors, la plus déshéritée des citoyens ; d'autant plus qu'ils avaient manifesté à cet égard les dispositions les plus bienveillantes (1). Vain espoir! L'égoïsme et l'orgueil devaient seuls présider à leurs délibérations. Sourds à la voix de leur roi, comme aux conseils de la justice et de la raison, les gentilshommes ne purent jamais s'entendre qu'avec les représentants du clergé, personnages appartenant, pour la plupart, par leur naissance, à la première noblesse du pays et en partageant tous les préjugés.

Sur la fin de décembre, les projets de constitution rédigés, d'une part, par les deux premiers ordres et, d'autre part, par le Tiers, furent mis sous les yeux du roi qui put constater à quel point ils étaient opposés l'un à l'autre. Un grand nombre de gentilshommes, que l'appel de Louis XVI à leur équité avait émus, protestaient contre le projet envoyé par les chambres de la noblesse et du clergé. En présence d'un tel état de choses, et avant de se prononcer sur un objet au sujet duquel les avis étaient si partagés, le roi résolut de s'assurer du vœu général des habitants de la Franche-Comté. La convocation des Etats-Généraux du royaume était proche. Des assemblées bailliagères allaient procéder à la rédaction des cahiers de leurs doléances et à l'élection de leurs députés. Louis XVI décida que les assemblées de la Franche-Comté auraient à exprimer, dans un acte séparé, leur vœu relatif à la constitution de ses Etats particuliers. C'était, d'ailleurs, le parti auquel le Tiers-Etat franc-comtois l'avait supplié de s'arrêter (2) et auquel la majorité des chambres du clergé et de la noblesse avait fini par adhérer ; Louis XVI pouvait le regarder en quelque sorte comme l'expression des

---

(1) V. le *Doc.* n° XXXIII.
(2) V. la note 5 de la page 127.

désirs des trois ordres (1). Il prononça, en conséquence, la clôture des Etats, qui eut lieu le 6 janvier 1789 (2).

Ce récit ne serait pas complet s'il ne relatait pas l'impression que produisit sur les membres des Etats, l'arrêt du Conseil du 27 décembre 1788 (3). (On sait que ce fut ce jour-là qu'on décida le doublement de la représentation du Tiers aux Etats-Généraux qui allaient être convoqués. Cet arrêt prononçait sur une question importante d'une manière contraire aux désirs de la majeure partie des membres des deux premiers ordres. Mais cette décision ne fut pas celle qui les affecta le plus. La résolution prise par la Cour de convoquer les électeurs des trois ordres par bailliage, même dans les pays d'Etat, fut accueillie bien différemment, selon qu'elle favorisait ou qu'elle contrariait l'espoir d'être nommé député aux Etats-Généraux. Certains membres du clergé et de la noblesse avaient plus de chances d'être nommés par les Etats, d'autres d'être élus par les assemblées de bailliage (4). En vain, les bons esprits faisaient-ils observer que l'élection par ces dernières assemblées était la loi du royaume, et que cette loi avait déjà été appliquée à la Franche-Comté en 1484 *(Etats de Tours)* (5).) Une scission profonde se produisit dans les chambres du clergé et de la noblesse, avant leur dissolution. La première arrêta, dès le 5 au soir, ce qu'elle avait à faire en cette circonstance. Celle de la noblesse délibéra sur ce sujet une grande partie de la journée du 6, et retarda d'autant la clôture des Etats. Dans les deux chambres, la majorité se prononça contre l'arrêt et rédigea une protestation qui fut déposée par le président au greffe du Parlement (6); dans les deux chambres, la minorité (7) produisit

---

(1) V. le *Doc.* n° XLVII.
(2) V. le *Doc.* n° XLVIII.
(3) V. le *Doc.* n° XLIX.
(4) V. le *Doc.* n° XLIX.
(5) V. le *Doc.* n° LII.
(6) Le Parlement s'empressa, pour faire pièce à la cour, de nommer une commission pour examiner ces protestations.
(7) Neuf membres du Clergé et vingt-deux de la Noblesse.

une contre-protestation, qu'elle remit ès mains des commissaires royaux (1). Le prince de Saint-Mauris-Montbarrey, membre de la minorité, crut devoir joindre à ce factum une contre-protestation particulière (2).

Ainsi se termina dans le trouble des esprits et la division des cœurs une session ouverte sous les plus heureux auspices. On avait pu espérer au début que les ordres privilégiés, au patriotisme et à la générosité desquels Louis XVI avait fait appel, n'hésiteraient pas à sacrifier celles de leurs prérogatives qu'on leur signalait comme contraires à l'esprit nouveau, à l'esprit de justice et de sage réforme. Cette confiance avait reçu un cruel démenti. Mais le moment était venu où le peuple français tout entier, réuni dans ses comices, allait exiger les sacrifices, que le roi avait demandés pour lui en toute occasion, et qu'on lui avait toujours refusés.

---

(1) Non content d'avoir fait accueil à des protestations illégales, le Parlement s'érigea en juge des contre-protestations et, par arrêt du 12 janvier, en supprima l'acte de dépôt et les imprimés. Cet arrêt fut cassé le 23, par le Conseil. — V. le *Doc.* n° XLIX.

(2) V. les *Doc.* n°ˢ LI, LII, LIII et LIV. — Alexandre-Marie-Eléonor de Saint-Mauris-Montbarrey, prince du Saint-Empire, ancien ministre de la guerre.

DOCUMENTS

I

Le maréchal Comte de Vaux, Commandant en chef, au Comte de Brienne, Ministre et Secrétaire d'Etat de la guerre.

Besançon, le 1er juin 1788.

Je suis informé que plusieurs gentilhommes de cette province se proposent de supplier Sa Majesté, par une lettre, d'accorder des Etats au comté de Bourgogne, et qu'ils y ajoutent une supplication en faveur de la magistrature.

Les chanoines de la Métropole ont fait une assemblée pour délibérer aussi une lettre au Roi à peu près sur les mêmes objets que celle des gentilshommes.

II

L'Archevêque de Sens, Principal Ministre, au Maréchal Comte de Vaux.

Versailles, le 6 juillet 1788.

On m'a dit que quelques gentilshommes voudroient s'assembler à Besançon, et on indique le 16. Il sera intéressant de prévenir cette assemblée qui ne seroit pas régulière. Le Roi pourroit peut-être permettre des Etats provinciaux; mais ce ne seroit pas le moïen de les obtenir que de les demander d'une manière illégale et peu respectueuse.

III

Le Marquis de Saint-Simon, Commandant en second, au Comte de Brienne.

Besançon, le 15 juillet 1788.

Le maréchal de Vaux a dû vous mander, avant son départ de Besançon, que le projet formé par les gentilshommes de cette province de s'assembler ici le 16 ne devoit point avoir lieu. J'ai l'honneur de vous le confirmer et de vous assurer que plusieurs d'entre eux, qui s'étoient rendus ici dans ce dessein, sont déjà retournés dans leurs terres.

IV

Le Marquis de Saint-Simon au Comte de Brienne.

Besançon, le 12 août 1788.

Les commissaires de la Chambre ecclésiastique assemblés, suivant l'usage, pour régler les affaires du clergé de cette province, ayant appris que Mgr l'archevêque de Sens avoit prié M. le maréchal de Vaux de lui désigner deux gentilshommes comtois avec lesquels il pût conférer sur la demande faite par la noblesse de Franche-Comté de ses anciens Etats, ont cru devoir désirer de partager cette faveur. En conséquence, ils ont dû écrire hier à M. le principal ministre pour le prier de les autoriser à joindre aux deux gentilshommes deux députés d'entre eux, lorsqu'il jugera à propos de les appeler. J'aurois eu l'honneur de vous en rendre compte plus tôt, si j'eusse été prévenu de ce projet qui a aussitôt été exécuté que connu.

V

Le Marquis de Saint-Simon au Comte de Brienne.

Besançon, le 25 août 1788.

Une partie des gentilshommes de cette province impatients

sans doute de voir réaliser la promesse que Mgr l'archevêque de Sens leur a faite de contribuer au rétablissement des anciens Etats de Franche-Comté, ont cru pouvoir profiter de l'usage où sont la plupart d'entre eux de se rendre à Besançon à l'occasion de la fête de saint Louis, pour se rassembler samedy dernier, 23 du présent, chez M. le comte de Roussillon à l'effet d'y signer une lettre qu'ils s'étoient proposés d'adresser au Roi. Instruit à temps de ce projet, j'ai écrit à M. le chevalier de Sorans, qui paroît partager la confiance d'une partie de cette noblesse, pour me plaindre de l'irrégularité de leur conduite et leur faire part des ordres précis que j'avois de m'opposer à toute assemblée illégale. Ma lettre a fait l'effet que j'en attendois, car après la lecture qui en fut faite, l'assemblée a été aussitôt dispersée, et le chevalier de Sorans, ainsi que deux d'entre eux, se sont rendus chez moi pour m'assurer que quoiqu'ils se fussent réunis environ 30 gentilshommes, il n'y en avoit cependant que 10 de la province, tous les autres étoient de la ville; que le but de cette réunion, qu'ils prétendoient n'avoir point été convoquée par lettres, étoit de supplier très respectueusement Sa Majesté de vouloir bien accélérer l'effet de ses promesses; qu'au surplus ils déclaroient que quoique la lettre qu'ils avoient faite fût signée par la plupart d'entre eux, elle ne partiroit cependant pas, au moins dans ce moment-ci; mais ils ne m'ont point caché qu'ils comptoient bien se réunir ailleurs qu'à Besançon le 10 du mois prochain, si à cette époque il n'y avoit rien de décidé.

J'aurai soin de vous tenir instruit de tout ce qui se pourra à ce sujet, de même que de tout ce qui pourra intéresser la tranquillité de cette province.

VI

Le Comte de Brienne au Marquis de Saint-Simon.

Versailles, le 4 septembre 1788.

J'ai reçu la lettre que vous m'avez fait l'honneur de m'écrire le 25 du mois dernier. Le Roi à qui j'en ai rendu compte a vu avec satisfaction le zèle avec lequel vous vous êtes porté à dissiper l'assemblée que plusieurs gentilshommes de la province de Franche-Comté avoient projeté de former. Sa Majesté étant déterminée à accorder à cette province le rétablissement de ses anciens Etats, ainsi qu'on le lui a fait espérer, vous trouverez ci-joint plusieurs lettres par lesquelles Sa Majesté mande auprès d'elle quelques personnes des trois ordres pour prendre leur avis sur la manière la plus convenable de rétablir ces Etats et sur la forme la plus avantageuse à leur donner.

Vous voudrez bien soumettre ces lettres à chacune de ces personnes qui sont mandées.

VII

Le Marquis de Saint-Simon au Comte de Brienne.

Besançon, le 4 septembre 1788.

J'ai eu l'honneur de vous donner avis, par ma lettre en date du 25 août dernier, qu'une partie de la noblesse de cette province s'étoit assemblée chez M. le comte de Roussillon et que d'après mes représentations cette assemblée avoit été dispersée; j'ajoutois qu'il m'étoit revenu depuis que ces mêmes personnes avoient formé le projet de se réunir ailleurs qu'à Besançon le 10 de ce mois, et je m'attendois, d'après cet avis, à recevoir des ordres qui régleroient ma conduite. J'apprends dans l'instant que cette assemblée est effectivement convoquée, par billets non signés, qu'on a fait courir hier et aujourd'hui, que l'époque est fixée au 10 de ce mois, et que c'est à Quingey qu'elle doit avoir lieu. On m'a encore assuré que le but de cette réunion étoit de rédiger un mémoire qu'on se proposoit de vous adresser, tendant à vous prier de vouloir bien nommer d'autres députés que MM. le baron d'Uzelle, le chevalier de Sorans et le comte de Roussillon, que la noblesse suspecte depuis que Mgr l'archevêque de Sens a témoigné le désir de s'entretenir avec eux.

Je ferai mon possible pour empêcher que cette assemblée n'ait lieu,

VIII

Le Marquis de Saint-Simon au Comte de Brienne.

Besançon, le 10 septembre 1788.

J'ai eu l'honneur de vous mander par ma lettre en date du 25 août dernier, qu'il m'étoit revenu que des gentilshommes de Franche-Comté avoient formé le projet de s'assembler ailleurs qu'à Besançon ce jourd'hui 10 du présent, et je m'attendois à recevoir de vous des ordres qui régleroient la conduite que j'aurois à tenir en cette circonstance. N'en ayant pas eu et m'étant rendu certain que ladite assemblée devoit avoir lieu aujourd'hui, à 6 heures du matin, dans la petite ville de Quingey, j'ai pris le parti d'écrire à M. le chevalier de Sorans que je savois devoir s'y trouver, la lettre dont je joins ici la copie. Vous verrés par la réponse qu'il vient de me faire, qui est également ci-jointe, que cette assemblée n'a pas hésité de quitter Quingey à la réception de ma lettre. Mais comme les gentilshommes de cette province paroissent persuadés qu'on ne peut leur disputer le droit incontestable qu'ils prétendent avoir de s'assembler quand bon leur semble, je ne serois point étonné d'apprendre qu'ils se soient divisés par pelotons dans les villages voisins de Quingey pour achever leur ouvrage. C'est ce que j'aurai l'honneur de vous mander, quand je serai plus instruit de leurs démarches ultérieures.

IX

Le Marquis de Saint-Simon au Chevalier de Sorans.

Besançon, le 9 septembre 1788.

Je suis instruit depuis plusieurs jours que quelques gentilshommes de cette province, parmi lesquels vous êtes cité, ont formé le projet de se réunir demain 10 du présent à Quingey. Quel que soit le motif de cette réunion, sur laquelle je n'ai plus aucun doute, il est de mon devoir de vous prévenir que, comme il m'est prescrit de veiller à l'exécution des ordres de Sa Majesté qui défend toute assemblée quelconque illégalement faite, vous m'obligerés infiniment de vouloir bien engager ceux de MM. les gentilshommes qui se seroient rendus à Quingey, d'après les lettres anonymes qui ont dû leur être adressées, d'en sortir, ainsi que vous, à la réception de la présente.

Je connois assés la soumission des gentilshommes comtois aux ordres du Roi pour être persuadé qu'ils ne me mettront pas dans le cas d'user de tous les moyens que je pourrois employer, ni de rendre compte de leur désobéissance. Pénétré de cette vérité, je n'ai pas cru devoir prendre d'autre précaution que de vous faire parvenir mes réflexions par M. Blanchard, premier-aide-major de Besançon, à qui je vous prie de remettre votre réponse sur le parti qu'ils se proposent de prendre.

X

Le Chevalier de Sorans au Marquis de Saint-Simon.

Quingey, le 10 septembre 1788.

Au moment où j'ai reçu par le sieur Blanchard la lettre que vous m'avés fait l'honneur de m'écrire, par laquelle vous me chargés d'en faire part à MM. les gentilshommes qui se trouvent à Quingey; leur première réflexion a porté sur le droit incontestable que la noblesse de Franche-Comté a de s'assembler pour représenter respectueusement à son roi ce qu'elle croit de mieux pour sa gloire et le salut de la patrie. La seconde a été la crainte de vous compromettre, et ils n'ont plus hésité. Ils quittent cette ville en vous priant de regarder cette démarche comme une marque de déférence pour vous.

XI

Rapport du sieur Blanchard sur la dissolution de l'assemblée de Quingey.

Besançon, le 10 septembre 1788.

MM. de la noblesse du comté de Bourgogne ayant été convoqués par une lettre anonyme pour l'assemblée à Quingey le 10 septembre 1788 à 6 heures du matin, sans y être nullement autorisés, M. le marquis de Saint-Simon, lieutenant-général, commandant au comté de Bourgogne en l'absence de M. le maréchal de Vaux, m'a fait partir à trois heures du matin pour porter une lettre adressée à M. le chevalier de Sorans. Je suis arrivé à Quingey à sept heures, et j'ay appris à huit que tous ces messieurs, environ au nombre de 200, étoient assemblés dans la Confrérie de la Croix, où je me suis transporté; et, ayant ouvert la porte, ces messieurs m'ont engagé d'entrer, ce que j'ay fait en demandant M. le chevalier de Sorans, qui s'étant trouvé au milieu de l'assemblée, en luy présentant la lettre je luy ay dit à haute voix : « M. le chevalier de Sorans, j'ay ordre » de vous remettre cette lettre qui concerne ces messieurs: » ferés-vous une réponse? » M'ayant remercié et pris la lettre, il m'a répondu avec grande honnêteté qu'il y auroit une réponse, et que luy-même me l'apporteroit chez M. Faton, subdélégué, où j'avois eu ordre de mettre pied à terre. A neuf heures et demie, M. le chevalier de Sorans est venu chez M. Faton, sur la porte duquel j'étois, et m'a remis la réponse pour M. de Saint-Simon, en ajoutant tout ce que l'on puit dire d'honnête pour le général, tant de sa part que de celle de ces MM. de la noblesse, qui presque tous estoient présents et estoient sortis de leur assemblée en la rompant pour le suivre. Plusieurs de ces messieurs ont ajouté aux honnêtetés de M. de Sorans, et m'ont déclaré qu'ils la rompoient par égard et par attachement pour M. de Saint-Simon; qu'ils alloient déjeuner jusqu'à onze heures et qu'à cet instant il ne seroit plus question d'eux à Quingey; que si je voulois rester, je les verrois en sortir. J'ai répondu à M. de Sorans, en présence de partie de ces messieurs, que leur parole valoit mieux que mes yeux et qu'en conséquence je partois sur le champ, ce que j'ay fait à neuf heures trois quarts. Je suis arrivé à Besançon à midy, chez M. de Saint-Simon, à qui j'ay rendu compte et remis la réponse de ces messieurs.

XII

Le Comte de Brienne au Marquis de Saint-Simon.

Versailles, le 11 septembre 1788.

J'ai vu par la lettre que vous m'avés fait l'honneur de m'écrire le 4 septembre que vous craignés toujours l'assemblée d'une partie de la noblesse de la province de Franche-Comté ; mais d'après ma réponse à celle que vous m'avés déjà adressée le 25 août dernier sur ce même objet, vous jugerés aisément que, lorsque le bruit de la convocation qui y est annoncée se sera répandu, il n'y aura certainement plus lieu de soupçonner aucune assemblée illégale. Quant au motif de celle que l'on craint, qui étoit de nommer d'autres députés que MM. le baron d'Uzelle, le chevalier de Sorans et le comte de Roussillon, M. l'archevêque de Sens ayant donné sa démission, le prétexte tombe de lui-même pour l'objet de l'assemblée, à la tenue de laquelle je suis, d'ailleurs, d'autant moins porté à croire, que je compte particulièrement sur votre zèle et les moyens qui sont en votre pouvoir pour vous y opposer.

XIII

Le Marquis de Saint-Simon au Comte de Brienne.

Besançon, le 12 septembre 1788.

J'ai reçu, avec la lettre dont vous m'avés honoré, en date du 4 de ce mois, celles par lesquelles Sa Majesté mande auprès d'elle quelques personnes des trois ordres de Franche-Comté pour prendre leur avis sur la forme la plus avantageuse à donner au rétablissement des anciens Etats de cette province qu'elle est déterminée à accorder. J'ai remis à chacune des personnes mandées de la Noblesse et du Tiers-Etat celles qui les concernent ; ils m'ont promis d'obéir sans retardement aux ordres du Roi. M. l'abbé de Marnésia et M. l'abbé Tinseau étant absents de Besançon depuis plusieurs années et ayant fixé leur résidence à Paris, il ne m'a pas été possible de leur remettre celles qui les concernent. J'ai l'honneur de vous les renvoyer. J'ai joint à chacune d'elles le renseignement nécessaire pour que vous puissiés les leur faire parvenir.

XIV

Le Marquis de Saint-Simon au Comte de Brienne.

Besançon, le 12 septembre 1788.

Ce que j'avois prévu par la lettre que j'ai eu l'honneur de vous écrire le 10 de ce mois, est arrivé. Les gentilshommes de Franche-Comté, qui s'étoient réunis au nombre de 108 dans la petite ville de Quingey, ont effectivement quitté ce lieu à la réception de la lettre que j'avois écrite à M. le chevalier de Sorans; mais j'ai appris, dès le soir même, qu'ils s'étoient rendus par différents chemins au prieuré de Saint-Renobert, maison isolée dans la campagne; qu'ils y étoient restés assemblés depuis 11 heures du matin jusqu'à 4 heures 1/2 de l'après-midi; qu'ils avoient commencé leur assemblée par élire provisoirement et pour le moment seulement un président; que le choix étoit tombé sur M. le comte de Jouffroy d'Abbans comme plus ancien par l'âge; qu'ils avoient ensuite procédé à la nomination de deux commissaires par bailliage, dont les fonctions doivent être de s'occuper des affaires générales; qu'ils avoient nommé six syndics pour travailler à la rédaction d'un mémoire qu'ils ont le projet de faire présenter au Roi par cinq députés désignés par eux pour le porter à Versailles; qu'enfin ils s'étoient ajournés pour le 1er octobre prochain sans désigner le lieu où ils devront se réunir.

Dès que je pourrai me procurer une copie du procès-verbal qu'ils ont dressé à ce sujet, je ne manquerai pas de vous le faire passer.

XV

Le Marquis de Saint-Simon au Comte de Brienne

Versailles, le 17 septembre 1788.

J'ai reçu la lettre dont vous m'avez honoré en date du 11 de ce mois.

Votre réponse du 4 à celle que j'ai eu l'honneur de vous écrire le 25 août dernier, pour vous faire part du projet qu'une partie de la noblesse de Franche-Comté avait formé de s'assembler, ne m'étant rentrée que le 10 au soir (jour de leur réunion à Quingey), elle n'a pu produire l'effet que vous en attendiez, ainsi que vous avez déjà dû le voir par ma lettre de ce même jour 10, et par celle du 12 suivant.

La communication que j'ai donnée à quelques gentilshommes de votre lettre du 11 et le départ des personnes que vous avez convoquées, ne paroit pas avoir changé les dispositions où ils sont de s'assembler encore au 1er octobre prochain et d'envoyer de nouveaux députés.

Vout en jugerez vous-même par leur procès-verbal, qu'ils ont fait imprimer, dont je joins ici un exemplaire; mais, comme vous allés avoir auprès de vous M. le chevalier de Sorans, en qui la noblesse de cette province parait mettre toute sa confiance, vous serez à même de lui prescrire la conduite soumise et respectueuse qu'il devra inspirer à ses compatriotes. Vous ne devez pas douter que, de mon côté, je ne mette en usage tous les moyens nécessaires pour m'opposer à l'assemblée projetée pour le 1er octobre, si je parviens à découvrir à tems le lieu de leur réunion.

XVI

Le Comte de Brienne au Marquis de Saint-Simon

Versailles, le 20 septembre 1788.

Depuis que j'ai reçu les avis contenus dans les lettres que vous m'avez fait l'honneur de m'écrire les 10 et 12 de ce mois, du projet formé par la noblesse de s'assembler d'abord à Quingey, projet que vous aviés seû détourner, et ensuite au prieuré de Saint-Renobert, où l'assemblée a eu lieu, j'ai reçu une lettre des membres qui ont composé cette assemblée, par laquelle ils me prient de mettre sous les yeux du Roy celle qu'ils m'adressent pour la remettre à Sa Majesté; ce à quoi je n'ai pas cru devoir me refuser d'après le ton modéré de cette lettre et la tournure respectueuse des réclamations qu'elle contient. Je ne puis mieux vous éclairer sur les véritables dispositions du roi dans cette circonstance qu'en vous envoyant copie de la réponse que Sa Majesté m'a ordonné de faire à cette lettre.

Vous jugerés également de ses intentions relativement aux représentations du clergé par la copie de la réponse que je fais à la lettre par laquelle il réclame sur le choix qui a été fait de MM. de Marnésia et de Tinseau pour venir concerter ici la meilleure forme à donner aux Etats.

Vous vous apercevrés que vû le changement des circonstances, le Roi veut bien qu'il soit apporté quelques modifications aux dispositions d'après lesquelles vous aviés cru devoir vous conduire avec la noblesse ; mais Sa Majesté n'en approuve pas moins les preuves de zèle, de sagesse et de prudence que vous avez continué à donner dans cette circonstance, comme dans toutes celles où vous avez été chargé de l'exécution de ses ordres.

P. S. J'ai adressé à Paris les ordres pour M. l'abbé Tinseau et M. l'abbé de Marnésia.

XVII

Le Comte de Brienne à MM. de la noblesse de Franche-Comté.

Versailles, le 19 septembre 1788.

J'ai remis au Roy la lettre que vous aviés écrite à Sa Majesté. Elle a daigné la lire avec attention, mais elle n'a pu cacher son étonnement de ce que vous avés cru devoir vous réunir pour solliciter de sa justice le rétablissement des Etats de la province, lorsqu'elle vous avoit fait assurer que son intention était d'accéder à vos vœux à cet égard, et que déjà elle avait fait donner des ordres à plusieurs d'entre vous pour qu'ils se rendissent auprès d'elle à la fin de prendre leurs avis sur les moyens d'opérer le rétablissement désiré et la forme la plus utile à donner à ces Etats pour le plus grand bien de la province. Quoique Sa Majesté eût dû attendre de vous plus de confiance en ses bontés, elle a bien voulu ne remarquer dans votre démarche que le zèle qui a dû la dicter, et elle m'a chargé de vous réitérer l'assurance de la détermination où elle est de rétablir des Etats dans la province de Franche-Comté, après qu'elle aura pu s'éclairer des avis des personnes des trois ordres qu'elle a jugé à propos de mander pour les consulter; et Sa Majesté pour vous prouver qu'elle n'a eu que le désir de connoître ce qui seroit le plus avantageux à la province, en appelant auprès d'elle des membres des trois ordres, vous autorise, dans le cas où les personnes qu'elle a choisies dans votre ordre n'obtiendraient pas votre confiance entière, d'en choisir vous-mêmes un pareil nombre qu'elle voudra bien écouter conjointement avec ceux qui ont obtenu son choix.

XVIII

Le Comte de Brienne à MM. les commissaires de la Chambre ecclésiastique du comté de Bourgogne.

Versailles, le 19 septembre 1788.

Le roi n'a point varié dans les dispositions où Sa Majesté vous a fait annoncer qu'elle étoit de rétablir des Etats provinciaux dans le comté de Bourgogne. Sa Majesté est toujours dans l'intention de recevoir des mémoires instructifs sur cet objet et d'entendre des membres des différents ordres de la province, afin de s'éclairer de leurs lumières, sur la forme la plus utile à donner à ces Etats; et les ordres qu'elle vient de faire adresser à différents membres des trois ordres, ont dû vous convaincre de la stabilité des résolutions de Sa Majesté en faveur du comté de Bourgogne. Cependant, j'ai mis sous les yeux du roi les réclamations contenues dans votre lettre du 12 de ce mois, et Sa Majesté a bien voulu les entendre avec bonté; elle n'a fixé son choix sur MM. de Marnésia et de Tinseau, membres de vôtre ordre, pour les appeler auprès d'elle que parce qu'ils lui avaient été désignés comme très-propres à l'éclairer de leurs lumières, ce dont vous convenés vous-mêmes. Cependant Sa Majesté approuvera que si ces MM. n'obtenoient pas, à cause de leur absence de la province, la plénitude de votre confiance, vous choisissiés deux autres membres que vous députerés vers elle, et qu'elle voudra bien entendre conjointement avec ceux qu'il lui a plu de nommer.

XIX

Le Marquis de Saint-Simon au Comte de Brienne.

Besançon, le 13 octobre 1788.

La lettre que vous m'avez fait l'honneur de m'écrire le 20 septembre dernier m'ayant mis dans le cas de ne m'opposer à l'assemblée que les gentilshommes de Franche-Comté ont faite à Quingey le 1er de ce mois que par voies de représentations auxquelles ces MM. n'ont pas jugé à propos d'obtempérer, je ne vous ai pas rendu compte de cette assemblée, parce que j'ai pensé que, comme ils me l'ont mandé par une lettre, il ne devoit y être question que de procéder à la nomination des députés que vous les avés autorisé à envoyer à la cour. Cependant, j'ai appris qu'on s'étoit occupé, dans cette assemblée, de la lecture d'un mémoire au Roi, qu'ils ont fait imprimer hors de la province et dont ils viennent de répandre une quantité prodigieuse d'exemplaires. J'ai pensé qu'il était de mon devoir de vous prévenir de cette circonstance et de vous envoyer un de ces exemplaires que je me suis procuré.

XX

Le Marquis de Saint-Simon au Marquis de Jouffroy d'Abbans, à Chouzelot.

Besançon, le 30 septembre 1788.

J'ai bien eu connaissance par le procès-verbal rédigé à Saint-Renobert le 10 de ce mois que MM. les gentilshommes de Franche-Comté avoient arrêté de s'ajourner au 1er octobre prochain pour délibérer ultérieurement sur les intérêts de la province, s'il y avait lieu ; mais je croyois que la lettre qui leur a été écrite par M. le comte de Brienne le 19 du présent, en leur faisant connoitre les véritables dispositions de Sa Majesté sur le rétablissement des Etats de la province qu'ils ont sollicité, termineroit toutes leurs réclamations. Cependant, j'apprends à l'instant que l'ajournement projeté doit s'effectuer demain au village de Chouzelot. Dans cette circonstance, je ne puis me dispenser d'avoir l'honneur de vous observer que je serois désapprouvé si je ne m'opposois pas de tout mon pouvoir à ces sortes de réunions qui ne peuvent être qu'illégales, aussi longtemps que je ne serai point autorisé à les permettre. D'après cet exposé, j'ai lieu d'espérer que dès que vous aurés fait la lecture de ma lettre à MM. les gentilshommes réunis avec vous, l'ajournement projeté pour demain au village de Chouzelot sera regardé comme non avenu et que vous voudrés bien me faire part du parti auquel vous vous serés déterminé.

XXJ

Le Marquis de Jouffroy d'Abbans au Marquis de Saint-Simon.

Quingey, le 1er octobre 1788.

Je viens de recevoir, par les mains du sieur Blanchard, la lettre que vous m'avez fait l'honneur de m'écrire, et l'ai lue à l'assemblée de MM. les gentilshommes de la province à laquelle j'ai celui de présider. Ils ont pensé unanimement qu'ayant le droit incontestable de se réunir pour faire leurs doléances à leur souverain, ils peuvent d'autant moins obtempérer à votre injonction de rompre leurs assemblées que le Roi les a autorisé, par la lettre de son ministre, comme vous ne pouvez l'ignorer, à envoyer des députés à la cour, et, par une conséquence naturelle, à s'assembler pour les nommer. Ils osent, d'ailleurs, se flatter que leurs sentiments vous sont assez connus, pour que vous puissiez conserver la moindre inquiétude sur leurs démarches dans lesquelles leur zèle pour la patrie ne se séparera jamais de leur fidélité et de leur respect pour Sa Majesté.

XXIJ

Le Comte de Brienne au Marquis de Saint-Simon.

Versailles, le 4 décembre 1788.

Un arrêt qui vient d'être rendu en conseil (1) a réglé que les

---

(1) Arrêt du 1er novembre 1788 « portant convocation d'une assemblée des anciens Etats de Franche-Comté. »

Etats de la province de Franche-Comté seraient convoqués le 26 du présent mois dans la même forme qu'en 1666. La seule chose dont ils auront à s'occuper sera de délibérer sur ce qu'il conviendra de faire pour rendre leur organisation la plus parfaite qu'il sera possible. Après avoir discuté cet objet important, ils enverront au roi un plan ou projet de la nouvelle constitution qu'ils auront cru devoir proposer de leur donner, et Sa Majesté, après s'en être fait rendre compte, statuera ce qu'il appartiendra.

Vous serés l'un des commissaires du Roy à l'assemblée de ces Etats. J'aurai l'honneur de vous adresser incessamment les pouvoirs et les instructions dont vous aurés besoin pour remplir cette mission. Je me borne dans ce moment-ci à vous envoyer les différentes lettres de convocation écrites par le Roy tant aux personnes qui doivent assister à l'assemblée dont il s'agit qu'aux corps et communautés qui ont droit de s'y faire représenter par des députés.

Si vous manquiez de moyens pour faire parvenir sûrement et promptement à leur destination les lettres qui concernent le clergé et celles qui regardent le Tiers-Etat, vous pourriés remettre les premières à M. l'archevêque de Besançon et les autres à M. de Saint-Ange, afin qu'ils voulussent bien se charger de ce soin.

Quant aux lettres expédiés pour l'ordre de la noblesse, vous remarquerez qu'on y a laissé des espaces en blanc. Je vous prie de faire remplir ces blancs du nom des gentilshommes de la province qui, descendus de familles nobles admises autrefois dans les Etats du pays, posséderoient des terres ou des fiefs auxquels le droit de justice est attaché. Il sera facile de vous procurer une liste exacte de ces noms. Cette opération faite, vous voudrés bien envoyer sans délais les lettres dont il s'agit à leur adresse.

Je n'entrerai pas maintenant dans de plus longs détails sur cet objet, ceux que renfermeront les instructions que vous allés recevoir m'en dispenseront.

J'envoye directement à M. l'archevêque de Besançon l'ordre qui lui est destiné.

XXIII

Modèle des lettres de convocation envoyées aux membres de l'ordre du clergé.

A Mons...

Mons..., par arrêt rendu en mon Conseil d'Etat le 1er de ce mois, j'ai réglé que les états de ma province de Franche-Comté seroient convoqués à Besançon le 26 du même mois, afin qu'ils délibérassent sur les objets exprimés dans ledit arrêt. En conséquence mon intention est que vous vous trouviés à leur assemblée, et que vous preniez part aux délibérations qui y seront prises. Le zèle que vous avés toujours montré pour mon service et pour le bien public, m'apprend ce que je dois en attendre dans cette occasion importante. Sur ce je prie Dieu qu'il vous aie, Mons...........
.... en sa sainte garde.

Ecrit à Versailles, le 4 novembre 1788.

Signé : LOUIS.

De Loménie, Comte de Brienne.

XXIV

Modèle des lettres de convocation (1) envoyées aux membres de l'ordre de la noblesse.

A Mons...

Mons..., par arrêt rendu en mon Conseil d'Etat le 10 de ce mois, j'ai réglé que les

---

(1) Ces lettres ne portaient comme suscription que la formule suivante :
Mons . . . .
Sieur de . . . .
Le prince de Saint-Mauris-Montbarrey obtint, à Versailles, que la suscription de celle qu'il avait reçue fut modifiée et portât : *A mon Cousin le prince de Saint-Mauris-Montbarrey, ministre d'Etat, chevalier de mes ordres, grand d'Espagne de la première classe, seigneur de Ruffey.*
M. de Saint-Simon crut devoir adresser une lettre de convocation spé-

états de ma province de Franche-Comté seroient convoqués à Besançon le 26 du même mois, afin qu'ils délibérassent sur les objets exprimés dans le dit arrêt. En conséquence, mon intention est que vous vous trouviés à leur assemblée et que vous concouriés aux délibérations qui y seront prises. Le zèle que vous avés toujours montré pour mon service et pour le bien public, m'apprend ce que je pense en attendre dans cette occasion importante. Sur ce, je prie Dieu qu'il vous ait, Mons.........
.... en sa sainte et digne garde.

Ecrit à Versailles, le 4 novembre 1788.

Signé : LOUIS.

DE LOMÉNIE, Comte DE BRIENNE.

XXV

Le Marquis de Saint-Simon (1) au Duc de Wurtemberg, Comte de Montbéliard (1).

Besançon, le 13 novembre 1788.

J'ai l'honneur de donner avis à votre Altesse sérénissime

---

ciale au duc de Wurtemberg. V. le *Doc.* n° XXV. — Il sollicita de la cour l'autorisation d'adresser à un certain nombre de membres du parlement celles qui leur étaient destinées à titre de descendants de familles nobles ayant siégé aux Etats. V. le *Doc.* n° XXVI.

(1) M. de Saint-Simon pensait que le duc de Wurtemberg avait le droit de siéger aux Etats comme seigneur de Blamont, de Châtelot, de Clémont, de Clerval, de Granges, d'Héricourt et de Passavant, grands fiefs sis au Comté de Bourgogne. Telle n'était pas l'opinion dominante parmi les membres de la noblesse de Franche-Comté. Le 27 novembre, la chambre de la noblesse « avisant sur la demande de M. le duc de Wurtemberg......... de-
» vant suivre les usages qui existoient en 1666, dernière époque de sa con-
» vocation, a décidé de lui accorder pour cette fois la préséance dont avoient
» joui ses prédécesseurs dans les anciens Etats ; mais elle a cru devoir
» mettre sous les yeux de Sa Majesté que la Noblesse française dont elle
» fait actuellement partie, ne connaissant aucun intermédiaire entre le
» Souverain, la maison royale et elle, et, d'ailleurs, les princes étrangers
» n'ayant point de rang connu et fixe en France, ces considérations l'en-
» gagent à supplier Sa Majesté de faire connoître ses volontés sur cet objet
» et d'y statuer pour les prochains Etats. »

qu'il a été réglé par un arrêt du Conseil que les Etats de Franche-Comté seraient convoqués le 26 de ce mois dans la même forme qu'en 1666. Il ne doit être question dans cette assemblée que de délibérer sur ce qu'il conviendra de faire pour donner aux Etats de cette province l'organisation la plus parfaite. Le ministre, en me faisant part des dispositions de Sa Majesté à ce sujet, m'a envoyé plusieurs lettres du roi en blanc avec ordre de remplir ces blancs du nom des gentilshommes de la province qui, descendus de familles nobles admises autrefois dans les Etats du pays, posséderoient des terres ou des fiefs auxquels le droit de justice est attaché. V. A. S. a des droits à cette cette assemblée à cause des terres et seigneuries qu'elle possède en Franche-Comté ; mais je n'ai pas cru devoir lui adresser une lettre de convocation dont le protocole ne ressemble nullement à celui qui convient à un prince souverain. J'ai donc pensé que V. A. S. ne désapprouveroit pas le parti que je prends de lui faire connoître par une lettre particulière les dispositions de Sa Majesté et le vœu de MM. de la noblesse de Franche-Comté, qui seroient très-flattés s'ils pouvoient être honorés de la présence de V. A. S.

P. S. — S. A. S. ne venant point aux États est priée de vouloir bien y envoyer un représentant.

XXVI

Le Duc de Wurtemberg, Comte de Montbéliard, au Marquis de Saint-Simon.

Montbéliard, le 18 novembre 1788.

J'ai reçu la lettre que vous m'avez fait l'honneur de m'écrire le 13 du courant pour me faire part de la convocation des Etats de Franche-Comté. Comme je ne pouvois y être invité d'une manière plus obligeante, vous voudrez bien en recevoir mes plus sincères remerciements.

J'aurois été charmé de profiter d'une si belle occasion pour vous assurer personnellement de toute ma sensibilité, et pour avoir le plaisir de faire la connoissance de messieurs de la noblesse d'une province dont la prospérité me sera toujours infiniment chère; mais les circonstances actuelles de ma santé ne me le permettant pas, je prierai le représentant que je choisirai de leur témoigner, ainsi qu'à vous, tout le regret que j'ai de ne pouvoir y assister moi-même (1).

XXVII

Le Marquis de Saint-Simon au Comte de Brienne.

Besançon, le 10 novembre 1788.

J'ai reçu, avec la lettre dont vous m'avez honoré en date du 4 de ce mois les différents paquets de lettres écrites par le roi à plusieurs membres des trois ordres de cette province auxquels Sa Majesté ordonne de s'assembler le 26 du présent mois dans la forme des Etats de 1666. J'ai remis à M. l'archevêque le paquet qui renferme la lettre pour le clergé, celui du Tiers-Etat a été également remis à M. l'intendant et je me suis chargé d'adresser moi-même à chacun des membres de la noblesse celles qui les concernent, lorsqu'on m'aura remis la liste après laquelle on travaille, des gentilshommes descendant de familles nobles admises autrefois dans les Etats du pays. Je dois vous prévenir que quelques membres du Parlement, issus des anciennes familles nobles, m'ont témoigné le désir d'avoir une lettre de convocation, quoique par état ils ne peuvent, ni ne doivent en faire usage. Je vous prie de me faire savoir si vous ne trouvés point d'inconvénients à ce que je leur donne cette petite satisfaction.

XXVIII

Lettre de convocation envoyée au lieutenant-général du bailliage de Vesoul.

Mons. de Raze, par arrêt rendu en mon Conseil d'Etat le 1er de ce mois, j'ai réglé que les Etats de ma province de Franche-Comté seroient convoqués à Besançon le 26 du même

---

(1) Ce représentant fut le marquis de Moustier.

mois, afin qu'ils délibérassent sur les objets exprimés dans le dit arrêt. En conséquence, mon intention est que vous vous trouviés à leur assemblée, que vous y présidiés la chambre du Tiers-Etat et que vous concouriés aux délibérations qu'ils prendront. Le zèle que vous avez toujours montré pour mon service et pour le bien public, m'apprend ce que je dois en attendre dans cette occasion importante. Sur ce, je prie Dieu qu'il vous ait, Mons. de Raze, en sa sainte garde.

Ecrit à Versailles, le 4 novembre 1788.

Signé : LOUIS.

DE LOMÉNIE, Comte DE BRIENNE.

XXIX

Modèle des lettres de convocation envoyées aux officiers municipaux des villes.

De par le Roi.

Chers et bien amés, par arrêt rendu en nôtre conseil le 1er de ce mois, nous avons réglé que les Etats de notre province de Franche-Comté seroient convoqués à Besançon le 26 du même mois, afin qu'ils délibérassent sur les objets exprimés au dit arrêt. En conséquence, notre intention est que celui d'entre vous qui est revêtu de la place de Maire et.................., habitant de la ville de...................., que les notables d'icelle, assemblés à cet effet, en la manière accoutumée, auront élu à la pluralité des voix, assistent en qualité de députés de la dite ville à l'assemblée des dits Etats et concourent aux délibérations qui y seront prises. Nous ne doutons pas que la manière dont ils rempliront leur mission ne justifie pleinement la confiance de leurs concitoyens. Et la présente n'étant pour autre fin, nous ne vous la ferons ni plus longue, ni plus expresse.

Donnée à Versailles, le 4 novembre 1788.

Signé : LOUIS.

DE LOMÉNIE, Comte DE BRIENNE.

XXX

Modèles des lettres de convocation envoyées aux premiers magistrats des prévôtés (1).

De par le Roi.

Cher et bien amé, par un arrêt rendu en notre Conseil d'État le 1er de ce mois, nous avons ordonné que les États de notre province de Franche-Comté seroient convoqués à Besançon, afin qu'ils délibérassent sur les objets exprimés dans le dit arrêt, et nous en avons fixé l'ouverture au 26 du même mois. Notre intention est qu'après avoir assemblé les habitants de la prévôté de.................., vous les informiés de ce que nous avons réglé à cet égard et que vous leur enjoigniés de nôtre part d'élire, à la pluralité des voix et suivant les formes accoutumées en pareil cas, un d'entre eux, auquel ils donneront pouvoir d'assister, en qualité de leur député à l'assemblée des dits États et d'y voter en leur nom. Et la présente n'étant pour autre fin, nous ne vous la ferons ni plus longue, ni plus expresse.

Donné à Versailles, le 4 novembre 1788.

Signé : LOUIS.

DE LOMÉNIE, Comte DE BRIENNE.

XXXI

Lettre du roi aux trois États de Franche-Comté.

A nos très-chers et bien amés les gens des trois États de notre province de Franche-Comté assemblés à Besançon en vertu de notre permission.

De par le Roi,

Très-chers et bien amés, nous avons commis notre cher et bien amé le marquis de Saint-Simon lieutenant-général de nos armées, commandant pour notre service en Franche-Comté, et notre ami et féal le sieur Caumartin de Saint-Ange, conseiller

---

(1) Maires, ou premiers échevins en faisant les fonctions.

en nos conseils, maître ordinaire de notre hôtel, intendant de justice, police et finances dans cette province pour assister en qualité de nos commissaires à votre assemblée. Nous les avons chargé de vous faire connoitre nos intentions ; ainsi vous devés avoir en ce qu'ils vous diront l'un et l'autre de notre part, la même confiance que vous auriés en ce que nous vous dirions nous-mêmes, si nous étions présents en personne à votre assemblée.

Vos lumières et votre patriotisme nous répondent que vos délibérations seront caractérisées par la justice et l'impartialité. Et la présente n'étant pour autre fin, nous ne vous la ferons ni plus longue, ni plus expresse.

Donné à Versailles, le 20 novembre 1788.

Signé : LOUIS.

DE LOMÉNIE, Comte DE BRIENNE.

XXXII

Modèle des lettres de créance des commissaires du roi aux Etats de Franche-Comté.

A Mons...

Mons..., par arrêt rendu en mon Conseil d'Etat le 1er de ce mois, j'ai permis que les Etats de ma province de Franche-Comté s'assemblassent à Besançon le 26 du même mois pour délibérer sur les objets énoncés au dit arrêt. Je vous ai choisi, ainsi que.............
...., pour assister à cette assemblée en qualité de mes commissaires et lui faire connoitre mes intentions. Les preuves multipliées que vous m'avez données de vos lumières, de vos talents et de votre zèle pour le bien public m'apprennent tout ce que je dois en attendre dans cette occasion importante.

Sur ce, je prie Dieu qu'il vous ait, Mons....................
............................., en sa sainte garde.

Ecrit à Versailles, le 20 novembre 1788.

Signé : LOUIS.

DE LOMÉNIE, Comte DE BRIENNE.

XXXIII

Instructions envoyées aux commissaires du roi.

L'assemblée se tiendra, si cela est possible, dans l'hôtel du commandement qu'occupoit le feû sieur Maréchal de Vaux. Si quelque obstacle imprévu s'y opposoit, l'intention de Sa Majesté est qu'en ce cas, elle ait lieu dans l'hôtel de ville de Besançon.

Les commissaires auront eû soin de faire faire auparavant dans celui des deux édifices qu'ils auront choisi, les préparatifs et les dispositions convenables.

Le jour de l'assemblée arrivé, des députés d'icelle, dont un au moins sera de l'ordre du clergé ou de la noblesse, se rendront auprès des commissaires, lesquels se trouveront réunis dans le même lieu. Ils les préviendront que l'assemblée est formée, et les inviteront à en venir faire l'ouverture.

Le marquis de Saint-Simon sera en manteau et coiffé d'un chapeau à plumes. Le sieur de Saint-Ange sera revêtu de l'habit de cérémonie particulier aux membres du conseil.

Les commissaires ayant salué l'assemblée et s'étant assis, se couvriront ainsi que tous les membres des Etats. Ensuite, les commissaires remettront au sieur archevêque de Besançon : 1º les lettres à eux écrites par Sa Majesté qui renferment les pouvoirs dont ils ont besoin pour remplir la mission qui leur est confiée; 2º la lettre par laquelle elle annonce cette mission aux Etats; 3º l'arrêt du conseil du 1er de ce mois qui permet la convocation d'iceux.

Le sieur Archevêque fera lire le tout à haute voix par la personne chargée de remplir les fonctions de secrétaire-greffier de l'assemblée.

Après quoi les lettres du roi et l'arrêt seront transcrits sur les registres des Etats.

Cette formalité remplie, les commissaires feront chacun un discours. Ils parleront assis; mais en prononçant au commencement de ce discours le mot *Messieurs,* ils se découvriront, puis remettront leurs chapeaux. Tous les membres de l'assemblée se découvriront en même temps que les commissaires.

Examiner quels changements il convient d'apporter à la constitution des Etats de Franche-Comté, est le travail important dont l'assemblée aura à s'occuper. La nécessité de ces changements a tellement été reconnue, même par le clergé et par la noblesse de la province, qu'en demandant que les Etats qui vont s'ouvrir fussent convoqués de la même manière qu'en 1666, ils ont par écrits qui renferment leur demande, contracté l'engagement de les proposer. La noblesse particulièrement est convenue qu'il lui paroissoit juste d'admettre parmi les représentants de celui du clergé un certain nombre de curés et d'assurer à celui du Tiers-Etat une représentation plus exacte (1).

Les commissaires fixeront sur tous ces objets l'attention de l'assemblée. Ils feront sentir aux deux premiers ordres que le respect qu'on doit aux usages antiques qu'ils peuvent être dans le cas d'invoquer ne sauroit aller jusqu'à oublier les droits imprescriptibles de la raison et de la justice. Ils leur diront que Sa Majesté convaincue de leur patriotisme, de leur zèle éclairé pour le bien public, ne craint point qu'ils subordonnent à leur intérêt particulier l'intérêt de la classe la plus nombreuse des citoïens de la province, et que, quand même ils n'auroient pas déjà manifesté leurs dispositions à cet égard, elle seroit dans la ferme persuasion que leurs délibérations seront caractérisées par l'équité la plus exacte et par l'impartialité la plus noble.

Avant que chacun des ordres délibère sur les objets par rapport auxquels l'assemblée doit faire connoitre son vœu à Sa Majesté, les gentilshommes et nobles qui, n'étant point issus des familles admises autrefois dans les Etats de la province, n'ont pas été convoqués à ceux qui vont s'ouvrir, quoiqu'ils possèdent dans le pays des terres et des fiefs auxquels est attaché le droit de justice, présenteront requête à l'assemblée pour demander qu'on les y admette, et cette admission aura lieu.

Des députés nommés par la ville de Besançon pourront également y être admis parmi les représentants du Tiers-Etat,

---

(1) Voir le *Procès-verbal rédigé par la Noblesse de Franche-Comté assemblée à Quingey le premier octobre mil sept cent quatre-vingt-huit*, et son *Mémoire au Roi*.

après toutefois qu'ils auront présenté requête à cet effet (1).

S'il s'élevoit, soit sur le rang à occuper par quelques-uns des membres des différents ordres, soit sur quelque autre objet, des difficultés que les commissaires ne pussent parvenir à aplanir par la voie de la conciliation, Sa Majesté les autorise en ce cas à statuer sur ces difficultés; mais seulement par provision et en déclarant expressément que leur décision provisoire ne préjudiciera en rien aux droits de qui que ce soit, lesquels demeureront en l'Etat.

Lorsque les différents ordres auront discuté chacun de leur côté les questions indiquées dans l'arrêt du 1er de ce mois, et qu'ils seront parvenus à former un vœu commun, il sera rédigé d'après ce vœu un projet du règlement à rendre pour fixer définitivement l'organisation des Etats. Il sera dressé un procès-verbal de tout ce qui se sera passé, soit dans l'assemblée générale des trois ordres réunis, soit dans les chambres particulières de chaque ordre et le tout sera envoyé à Sa Majesté afin qu'elle statue ensuite sur ce qu'il appartiendra.

La nature des questions qui seront agitées doit faire craindre qu'elles n'occasionnent des débats très-vifs. Les commissaires s'appliqueront à concilier les esprits autant qu'il leur sera possible, et à ramener à la modération les personnes qui s'en écarteront. Sa Majesté ne se dissimule pas que la tâche qu'ils auront à remplir sera pénible; mais elle se flatte que leur zèle, leur prudence et leurs talents surmonteront toutes les difficultés et sauveront tous les obstacles.

Fait à Versailles, le 20 novembre 1788.

Signé : LOUIS.

DE LOMÉNIE, Comte DE BRIENNE.

---

(1) Ces députés furent admis. Nous voyons l'un d'eux, l'avocat *Martin*, faire partie d'une des députations chargées de recevoir les commissaires du Roi le 12 décembre. V. le *Doc.* n° XLVII. Les autres étaient MM. *Couthaud*, conseiller de l'Hôtel de ville ; *Faivre*, juge-consul ; *Joliot*, propriétaire vigneron ; *Lapoule*, avocat au Parlement ; *Laurent*, ancien vicomte mayeur ; *Quirot*, avocat au Parlement.

XXXIV

Liste des dignitaires ecclésiastiques, des gentilshommes et des gens du Tiers-Etat appelés à l'assemblée des Etats de Franche-Comté convoquée pour le 26 novembre 1788.

1° Dignitaires ecclésiastiques

L'archevêque de Besançon, président des Etats et de la Chambre du clergé :
Monseigneur Raymond de Durfort (1) ;
Les députés des chapitres :
Métropolitain, de Besançon (2) ;
De *Sainte Marie-Madeleine*, de Besançon (3) ;
de *Saint-Anatoile*, de Salins (4) ;
de *Saint-Michel*, de Salins (5) ;
de *Saint-Maurice*, de Salins (6) ;
d'*Arbois* (7) ;
de *Poligny* (8) ;
de *Nozeroy* (9) ;
de *Saint-Claude* (10) ;
de *Gigny* (11) ;
de *Saint-Amour* (12) ;
de *Baume-les-Messieurs* (13) ;
de *Dole* (14) ;

---

(1) Ancien évêque d'Avranches et de Montpellier.
(2) MM. Pusel de Boursières et Seguin.
(3) M. Millot.
(4) M. Cordier de Champagnole.
(5) M. Marmet, doyen.
(6) M. Bousson, prévôt.
(7) M. Domet de Mont, doyen.
(8) M. Sanderet de Valonne, doyen et curé.
(9) M. Girardet, doyen.
(10) M. de Moyria de Maillac.
(11) M. de Montfaucon.
(12) M. Merle, doyen.
(13) M. de Montrichard, doyen.
(14) M. de Toytot.

de *Gray* (1) ;
de *Champlitte* (2) :
de *Ray* (3) ;
de *Vesoul* (4) ;
de *Lure* (5) ;
de *Saint-Hippolyte* (6) ;
de *Villersexel* (7) ;
    Les abbés de l'ordre de Saint-Augustin :
de *Saint-Paul*, de Besançon, M. Boisot ;
de *Gouaille*, M. de Laubespin (8) ;
de *Montbenoit*, M. de Saint-Pern ;
    Les abbés de l'ordre de Saint-Benoit :
de *Saint-Claude*, M. de Chabot (9) ;
de *Baume-les-Messieurs*, M. de la Fare ;
de *Luxeuil*, M. de Clermont-Tonnerre ;
de *Saint-Vincent*, de Besançon, M. Amelot (10) ;
    Les abbés de l'ordre de Citeaux :
de *Bellevaux*, M. de Lezay-Marnésia (11) ;
de *Cherlieu*, M. de Vermont (12) ;
de *La Charité*, M. de Durfort (13) ;
de *Billon*, M. de Castillon ;
de *Balerne*, M. Franchet de Rans (14) ;
de *Bithaine*, M. de Tinseau ;
de *Theuley*, M. de Pontbriant (15) ;

---

(1) M. Huchet.
(2) M. Longpré.
(3) M. Poinsot.
(4) M. Huot de Charmoille.
(5) M. de Thurn.
(6) M. Bruat, doyen.
(7) M. Bourgon.
(8) Chanoine de Lure.
(9) Evêque de Saint-Claude et ayant droit des anciens abbés.
(10) Evêque de Vannes.
(11) Ancien évêque d'Evreux.
(12) Lecteur de la reine.
(13) Archevêque de Besançon.
(14) Evêque de Rhosy, haut-doyen du Chapitre métropolitain.
(15) Evêque d'Agen.

de *Rosières*, M. de Grimaldi (1) ;
de *Sainte-Marie*, M. de Bourgevin-Vialard (2) ;
des *Trois-Rois*, M. de Beaumont ;
de *Clairefontaine*, M. d'Osmond (3) :
d'*Acey*, M. de Lezay-Marnésia (4) ;
de *La Grâce-Dieu*, Dom Deleschaux.

Les abbés de l'ordre des Prémontrés :
de *Corneux* M. Querenet.

Les Prieurs :
de *Courtefontaine*, M. de Charmoille (5) :
de *Jussan-Moutier*, M. d'Esternoz (6) :
de *Saint-Renobert*, M. d'Esternoz (7) ;
d'*Arbois*, M. de Courbouzon ;
de *Saint-Louis-sous-Montenot*, M. Huchet (8) :
de *Vaux-sur-Poligny*, M. Le Noir (9) ;
de *Saint-Germain*, M. Bernardet (10).
de *Sirod*, M. Despotots ;
de *Vobles*, M. Faivre (11) ;
de *Colonne*, M. Gaillande ;
de *Frontenay*, M. de Courbouzon :
de l'*Etoile*, M. Chevalier ;
de *Ruffey*, M. de Thélis du Châtel ;
de *Saint-Laurent-de-la-Roche*, M. Le Bœuf ;
de *Saint-Lothain*, M. de Raze ;
de *Saint-Désiré de Lons-le-Saunier*, M. Verchères (12) ;
de *La Loye*, M. de Mannery (13) ;

---

(1) Vicaire-général de Reims.
(2) Conseiller-clerc.
(3) Vicaire-général de Rouen.
(4) Comte de Lyon.
(5) Chanoine de la métropole.
(6) Chanoine de Gigny.
(7) Id.
(8) Chanoine de Gray.
(9) Conseiller-clerc au parlement de Paris.
(10) Curé.
(11) Id.
(12) Conseiller-clerc au parlement de Dijon.
(13) Vicaire-général de Reims.

de *Pesmes*, M. Semonin ;
de *Seveux*, M. Tournier ;
de *Vellexon*, M. d'Autet (1) ;
d'*Autrey*, M. de Mongenet (1) ;
de *Champlitte*, M. Mercier de Montigny ;
de *Dampierre-sur-Salon*, M. Jobard (2) ;
du *Moutherot-les-Traves*, M. de Villemont ;
de *Fontaine*, M. Franchet de Rans (3) ;
de *Jussey*, M. de Romange (4) ;
de *Saint-Marcel*, M. de Jouffroy d'Abhans (5) ;
de *Voisey*, M. Annel ;
de *Dannemarie*, M. Mareschal d'Audeux (6) ;
de *Lanthenans*, M. Boutechoux de Chavanne (7) ;
de *Chaux-les-Clerval*, M. de Menton (8) ;
de *Sechin*, M. Daguet ;
de *Vuillorbe*, M. Talbert de Nancray (9) ;
de *Bonnevaux*, M. de Courbouzon ;
de *Laval*, M. Mareschal d'Audeux (10) ;
de *Morteau*, M. de Loménie de Brienne (11) ;
de *Pontarlier*, M. de Boutechoux de Chavanne (12) ;
de *Saint-Point*, M. Guillegaut ;
de *Scey-en-Varais*, M. Pouget ;
de *Granson* (13), M. de Raze ;
de *Romain-Moutier* (14), M. Petitjean.

---

(1) Chanoine de la métropole.
(2) Curé d'Ailley.
(3) Evêque de Rhosy.
(4) Chanoine de Sainte-Marie-Madeleine.
(5) Chanoine de Saint-Claude.
(6) Vicaire-général, chanoine de la métropole.
(7) Vicaire-général, chanoine de la métropole, grand archidiacre.
(8) Chanoine de Gigny.
(9) Chanoine de la métropole.
(10) Vicaire-général, chanoine de la métropole.
(11) Coadjuteur de Sens.
(12) Vicaire-général, chanoine de la métropole, grand archidiacre.
(13) Diocèse de Lausanne.
(14) Id.

2º Gentilshommes

Antoine-François-Eléonore-Angélique, comte de Jaquot d'Andelarre, *seigneur de Charentenay* ;
Antoine-Ferdinand d'Amandre, *seigneur d'Onnoz* ;
Aydonin-Gaspard de Tréstondans (1), *seigneur de Pisseloup* ;
Alexandre-Joseph, marquis de Guyot, *seigneur de Maiche* ;
Antonin-Maire Terrier, *marquis de Monciel* (2) ;
Charles-Marie-Ignace Pillot de Chenecey, *comte de Coligny* (3) ;
Claude-François-Adrien, *marquis de Lezay-Marnésia* (4) ;
Claude-François-Magdeleine, comte d'Amedor, *seigneur de Molans* (5) ;
Charles-Emmanuel-Polycarpe, *marquis de Saint-Mauris-Châtenois* (6) ;
Claude-Lambert du Val, *seigneur d'Essertenne* ;
Charles-Xavier Bourrelier de Malpas, *comte de Mantry* (7) ;
Claude-Charles-François Varin du Fresne, *seigneur de Fretigney* ;
Charles-Guillaume Vernier, *seigneur d'Usier* ;
Charles-Sébastien Le Maillot, *seigneur de Provenchère* ;
Claude-François-Antoine, marquis de Jaquot d'Andelarre (8), *baron de Rosey* ;
Claude-Joseph-Nicolas, comte de Grivel, *seigneur de Perrigny* ;
Claude-Antoine de Rosières, chevalier de Sorans, *seigneur de Cromary* ;
Claude-Bernard-Flavien, marquis de Froissard-Bersaillin (9), *seigneur de Bersaillin et de Villers-Robert* ;

---

(1) Erigé en marquisat en mai 1714.
(2) Erigé en marquisat en novembre 1740.
(3) Erigé en comté en juin 1716.
(4) Erigé en marquisat en décembre 1721.
(5) Erigé en comté en avril 1713.
(6) Erigé en marquisat en février 1705.
(7) Erigé en comté en mars 1716.
(8) Erigé en marquisat en février 1760.
(9) Erigé en marquisat au mois d'août 1748.

Charles-Marie-Joseph-Gervais d'Alpy de Queutrey, *seigneur d Brans* ;

Charles-François-Gabriel Tranchant, comte de la Verne, *seigneur de Boney* (1) ;

Claude-Antoine-Catherine Bocquet de Courbouzon, chevalier, *baron de Courbouzon* ;

Claude-Pierre-Joseph Balland, *seigneur de la Bretenière* ;

Claude-François Colin, *seigneur de Champagne, en partie* ;

Claude-François-Paschal Balland, *seigneur de Montaigu* ;

Charles, marquis de Moustier (3), *seigneur de Cubry et de Nans* ;

Claude-Jean-Eugène, marquis de Jouffroy d'Abbans (4), *seigneur d'Abbans* ;

Claude, comte de Jouffroy-d'Abbans, *seigneur d'Osselle et de Byans* ;

Claude-Antoine-Louis, marquis de Champagne, *baron d'Igny* (5) ;

Charles-Joseph Coquelin, marquis de Germigney (6) *seigneur de Germigney* ;

Etienne-François-Xavier Buson, *seigneur de Champdivers* ;

Emmanuel-François Mareschal, *seigneur de Longeville* ;

Frédéric-François Patornay, *seigneur du Fied* ;

François-René-Hippolyte, marquis de Toulongeon, *seigneur à Champlitte* (7) ;

Erançois-Emmanuel, *seigneur de Toulongeon* ;

François-Félix-Bernard Terrier de Santans, *marquis de Mailleroncourt* (8) ;

François-Gabriel Mouchet de Battefort, *marquis de Laubespin* (9) ;

---

(1) Erigé en comté en décembre 1717 sous le nom de la Verne.
(2) Erigé en baronnie en décembre 1940.
(3) Erigé en comté en février 1744.
(4) Erigé en marquisat en mars 1707.
(5) Erigé en marquisat en 1756 sous le nom de Champagne.
(6) Erigé en marquisat en novembre 1716.
(7) Descendant par les femmes de François de Vergy, premier comte de Champlitte.
(8) Erigé en marquisat en janvier 1740.
(9) Erigé en comté en mars 1759.

Florent-Alexandre-Melchior de la Baume comte de Montrevel, *marquis de Pesmes* (1) ;

François-Thérèse Richard, *marquis de Villers-Vaudey* (2) ;

François-Marie Mareschal, *seigneur de Longeville ;*

Gaspard-Marie de Glannes, baron de Villers-Farlay (3), *seigneur à Combelle ;*

Gaspard-Melchior-Balthasar-Michel-François de Crosey, *seigneur de Crosey ;*

Gabriel-Philibert-Ignace-Remi Raclet, *baron de Mercey* (4) ;

Georges-Simon, marquis de Vaulchier (5), *seigneur du Deschaux ;*

Henri-François-Joseph de Bancenel, *seigneur de By ;*

Henri-Sigismond-Joseph Marchand de la Châtelaine, *seigneur de Bannans ;*

Hippolyte-Charles-Ferdinand de Laborey, *baron de Salans ;*

Henri-François de Rosière, *marquis de Sorans ;*

Jean-Baptiste-Vincent-Ferrier, marquis de Pillot-Chantrans, *seigneur de Baine ;*

Jean-Antoine Varin, *seigneur d'Ainvelle ;*

Joseph-Christophe-Emmanuel, comte de Romanet, *seigneur de Rosay ;*

Joseph-Claude-François Jacquard d'Annoire, *seigneur de Chemin ;*

Jean-François de Bancenel, *seigneur de Champagne ;*

Jean-Emmanuel-Martin de Jouffroy, *seigneur de Gonsans ;*

Jean-Antoine-Marie de Mesmay, *seigneur de Mesmay ;*

Jean-François Lampinet, *seigneur de Sainte-Marie ;*

Jean-Hermand-François-Xavier, vicomte de Sagey, *seigneur de Pierrefontaine ;*

Jean-François-Eléonor, comte de Boutechoux, *seigneur de Villette* (6) ;

Joseph d'Esternoz, *seigneur de Molombe ;*

Joseph de Malarmey, *comte de Roussillon ;*

---

(1) Baronnie érigée en marquisat en mai 1754.
(2) Erigé en marquisat en février 1750.
(3) Erigé en baronnie en juin 1746.
(4) Erigé en baronnie en janvier 1764.
(5) Février 1755.
(6) Erigé en comté en janvier 1765, sous le nom de Boutechoux.

Joseph-Luc-Jean-Baptiste-Hippolyte, comte de Mareschal-Vezet, *seigneur de Vezet* (1);

Louis-Emmanuel-Alexandre, comte de Saint-Mauris, *seigneur de Lambrey*;

Louis-Gabriel Aymonet, *seigneur de Contréglise*;

Louis, comte de Portier-Froloy, *seigneur de Saint-Georges*;

Louis Didier de Trestondans, *seigneur de Suaucourt*;

Louis-Alexis-François Lampinet, *seigneur de Navenne, Gesans, Aubertans*;

Louis-Marie-François de Saint-Mauris, prince de Montbarrey (2), *seigneur de Ruffey*;

Louis-Maximilien, baron d'Iselin, comte de Lasnans, *seigneur d'Avilley*;

Marie-Charles-Hilaire-Flavien de Froissard-Poligny, *marquis de Broissia* (3);

Marie-François-Nicolas-Charles, vicomte de Romanet, *seigneur de l'Abergement*;

Marie-Bénigne-Ferréol-Xavier Chifflet, *seigneur de Villeneuve*;

Marie-Anne-Jean-Baptiste Mareschal, *seigneur de Sauvagney*;

Marie-Alexis-Dominique Boitouset, *marquis d'Ormenans* (4);

Nicolas-Joseph Aymonet, *chevalier de Contréglise*;

Nicolas-Claude Huot, *seigneur de Pusey*;

Nicolas-Gabriel Poutier, *seigneur de Saône*;

Pierre-Marie-Nicolas-Vincent, comte de Reculot-Frotey, *seigneur de Rochefort*;

Pierre-François-Xavier de Bancenel, *seigneur de Champagne*;

Pierre-Colombe-Prothade Mareschal, *seigneur de Sauvagney*;

Philippe-Bernard-Nicolas-Laurent-Hyacinthe de Montrichard, *seigneur de Frontenay* (5);

Philippe-Désiré Broch, *seigneur d'Hotelans*;

Philippe-Emmanuel, comte de Salives, *seigneur de Valeroy-le-Bois* (6);

---

(1) Erigé en comté en septembre 1749, sous le nom de Mareschal.
(2) Prince du Saint-Empire du 9 avril 1774.
(3) Erigé en marquisat en octobre 1691.
(4) Erigé en marquisat en septembre 1718.
(5) Erigé en marquisat le 27 janvier 1744 pour Laurent-Gabriel de Montrichard de Visemal.
(6) Erigé en comté en septembre 1747, sous le nom de Salives.

Sébastien-Christophe-Joseph, comte de Chaillot, *seigneur à la Loye*;

Simon-Gabriel Huot, *seigneur de Charmoille*;

Théodule-François, baron d'Iselin de Lasnans, *seigneur de Roulans* (1)

3° Gens du Tiers-Etat

Les députés des villes :

Salins, MM. Mouret de Bartherans (2), maire, Clermont et Marmet ;

Dole, MM. Chartrain, maire, Brun (3), Liard (4), Vaucherot et Vuillemot ;

Gray, MM. Narçon, maire, et N... ;

Vesoul, MM. Roux de Raze, lieutenant-général du bailliage, Jacques de Fleurey, maire (5), et Durget (6) ;

Arbois, MM. Clerc, maire, Bouvenot (7) et Morivaux (8) ;

Poligny, MM. N..., maire et Bidault (9) ;

Pontarlier, MM. Maire (10) maire et Rousset (11) ;

Baume. MM. Carpentier, maire (12), Bressand (13) et Marchand (14);

Ornans, MM. Teste (15), maire, et Verdy (16) ;

---

(1) V. *Almanach du Comté de Bourgogne pour l'année 1789,* p. 60, la situation occupée par plusieurs de ces gentilshommes.
(2) Ecuyer, seigneur de Mouchard.
(3) Avocat.
(4) Avocat.
(5) Lieutenant particulier.
(6) Avocat.
(7) Lieutenant civil et criminel, échevin.
(8) Avocat, échevin.
(9) Lieutenant-criminel.
(10) Lieutenant-général au bailliage.
(11) Conseiller-assesseur au bailliage.
(12) Avocat.
(13) Avocat du roi au bailliage.
(14) Avocat.
(15) Lieutenant-criminel au bailliage.
(16) Avocat.

Orgelet, MM. Clément (1), maire, et Babey (2);
Quingey, MM. Faton (3), maire et Pourny;
Lons-le-Saunier, MM. Brillon, maire, et Vernier (4);
Faucogney, MM. Bolot de Chauvillerain (5), maire, et Daval (6);
Bletterans, MM. Rivière (7), maire, et Desgouille;
   Les députés des prévôtés :
Saint-Claude, (8), MM. Christin (9) et Dalloz (10) :
Morteau. M. Gaudion (11);
Jussey, M. Barthélemy (12);
Château-Chalon, M. Mottet (13) :
Moirans, M. Bonguyod (14) :
Montmorot, M. Vauchez;
Port-sur-Saône, M. Tournois (15) :
Châtillon-le-Duc, M. Maire;
Montjustin, M. Loyet;
Cromary, M. Marquis;
Montboson, M. Receveur;
Rochefort, M. Desjeux ;
Orchamps, M. Longchamp :
Fraisans, M. Cabaud (16) :
Colonne, M, Robelin;
La Loye, M. Bouchot;
Chariez, M. Gavaille ;

---

(1) Conseiller-assesseur au bailliage.
(2) Lieutenant-général au bailliage.
(3) Subdélégué.
(4) Lieutenant-général civil au bailliage.
(5) Avocat.
(6) Avocat.
(7) Avocat.
(8) Le Conseil d'Etat lui avait accordé deux députés.
(9) Avocat.
(10) Grand-juge de Saint-Claude.
(11) Juge-châtelain.
(12) Avocat.
(13) Docteur en médecine.
(14) Avocat.
(15) Procureur d'office.
(16) Avocat.

Montmirey-le-Château, M. Lizanet (1) ;
Gendrey, M. Blanc (2) ;

XXXV

Le Marquis de Saint-Simon au Comte de Brienne.

Besançon, le 28 novembre 1788.

Voulant vous donner quelques détails sur ce qui se passeroit lors de l'ouverture des Etats de cette province, j'ai pensé que vous ne désapprouveriez pas que je différasse de quelques jours à vous renvoyer votre courrier, et je me proposois de le faire hier ; mais MM. de la chambre et de la noblesse m'ayant témoigné le désir de le charger des remerciements qu'ils se proposent de faire au roi, à vous et à Monsieur le directeur général (3), ils m'ont prié de retarder son départ jusqu'à ce moment.

Avant l'ouverture de l'assemblée des Etats qui s'est faite le 26, MM. de la noblesse ont procédé à l'élection d'un président par la voix du scrutin et la pluralité a été pour M. le prince de Bauffremont ; les chambres se sont ensuite réunies pour se rendre processionnellement à la messe du Saint-Esprit. De retour à l'hôtel du Commandement, où se tiennent les Etats, l'ouverture de l'assemblée a été faite dans la forme prescrite par l'instruction que vous m'avez envoyée; ensuite MM. les présidents de Chambres ont prévenu les trois ordres qu'ils devoient se retirer dans leurs chambres respectives. Cette journée s'est passée en compliments suivant l'usage.

Hier 27, les chambres se sont occupées de projets de règlements de police intérieure; celle de la noblesse a nommé des commissaires pour travailler, conjointement avec ceux du clergé et du tiers, à un plan de constitution dont les articles seront dressés provisoirement pour être ensuite délibérés, lorsque la chambre du Tiers sera suffisamment formée. Jusqu'à présent les trois ordres paraissent assez d'accord et il est à désirer que cela continue.

---

(1) Notaire.
(2) Avocat au Parlement.
(3) Necker.

P. S. 29 novembre au soir.

Il vous sera aisé de juger par la date de cette lettre, commencée hier et finie aujourd'hui, que j'ai été forcé de retarder de 24 heures le départ de votre courrier, ce qui m'a donné le temps de me procurer un extrait des différentes délibérations prises dans la chambre de la noblesse les 27, 28 et 29. J'ai l'honneur de vous l'envoyer ci-joint ainsi que le compliment que j'ai été dans le cas de faire à l'ouverture de l'assemblée générale des trois ordres.

XXXVI

Le Marquis de Saint-Simon au Comte de Brienne.

Besançon, le 3 décembre 1788.

Je vous ai déjà donné avis, par la lettre que j'ai eu l'honneur de vous écrire le 1er de ce mois, que la Chambre du Tiers m'avoit fait notifier, ainsi qu'à M. de Saint-Ange, l'intention où elle étoit d'envoyer une députation à Versailles pour obtenir la permission de convoquer les communes de la province, j'ajoutois que vraisemblablement ces députés arriveroient en même tems que ma lettre ; mais, soit l'effet des bonnes raisons que M. de Saint-Ange et moi avons mis en avant pour les empêcher de faire cette démarche, soit l'espérance qu'ils ont pu concevoir d'être soutenus dans leurs démarches par les deux autres ordres, le départ de ces députés a été retardé jusqu'à ce moment. Mais à l'instant MM. de la Chambre du Clergé viennent de me faire part des dispositions où est la Chambre du Tiers de les faire partir le plus tôt possible ; ils m'ont en même tems témoigné le désir de joindre à ma lettre le paquet ci-joint par lequel il est vraisemblable qu'ils vous demandent eux-mêmes la permission d'envoyer des députés conjointement avec l'ordre de la Noblesse dans le cas où ceux du Tiers seroient reçus.

Je joins ici un détail sommaire de ce qui s'est passé dans la Chambre de la Noblesse dans les séances des 1er et 2 de ce mois,

XXXVII

Le Comte de Puységur (1) *à Messieurs les Commissaires du Roi aux Etats.*

Versailles, le 5 décembre 1788.

L'instruction que mon prédécesseur vous a adressée par ordre du Roi porte que les Etats de Franche-Comté se tiendront, si c'est possible, dans l'hôtel du Commandement. C'est sur la demande de M. le chevalier de Sorans, l'un des députés de la Noblesse de cette province que Sa Majesté a consenti qu'ils s'assemblassent-là. A cette époque, rien ne s'y opposoit, puisqu'il n'avoit point été nommé un successeur à feu M. le maréchal de Vaux. Aujourd'hui M. le marquis de Langeron l'a remplacé et l'intention du Roi est qu'il ne différe que le moins possible de se rendre à Besançon. Il est nécessaire qu'à son arrivée il trouve libre l'hôtel qu'il a droit d'y occuper. Ainsi Sa Majesté désire que l'assemblée des Etats soit transférée de l'hôtel dont il s'agit dans tel autre édifice que vous jugerés convenable de choisir, après vous être concerté avec eux à cet égard. Je joins ici une lettre que le Roi leur écrit sur cet objet; vous voudrés bien la leur présenter. Lorsque que vous vous serés déterminés sur le choix du lieu où ils seront transférés, il faudra que vous donniés ordre qu'on y fasse, sans délai, les préparatifs nécessaires, afin que cette translation n'éprouve aucun retard.

Si, par quelque raison que je ne saurois prévoir, elle ne pouvoit avoir lieu sur le champ, en ce cas vous voudriés bien au moins arranger les choses de manière que les équipages et une partie des gens de M. le marquis de Langeron, qui sont actuellement en route pour se rendre à Besançon, puissent, lorsqu'ils y arriveront, être logés en son hôtel.

---

(1) Pierre-Louis de Chastenet, comte de Puységur, successeur du comte de Brienne comme ministre de la guerre.

XXXVIII

Le Marquis de Saint-Simon au Comte de Puységur.

Besançon, le 12 décembre 1788.

En conséquence de la lettre dont vous nous avés honoré, M. de Saint-Ange et moi, en date du 5 de ce mois, nous avons demandé à MM. les présidents des trois ordres la convocation des Etats dans la grande salle du Commandement. Cette assemblée a eu lieu ce matin ; je m'y suis rendu avec les cérémonies d'usage, (1) l'état de la santé de M. de Saint-Ange ne lui ayant pas permis de partager avec moi cette mission. J'ai présenté à M. le président du Clergé la lettre du Roi par laquelle Sa Majesté désire que l'assemblée des Etats soit transférée de l'hôtel du Commandement dans tel autre édifice qu'on jugera convenable de choisir. Après la lecture de cette lettre, les trois ordres se sont mis en marche pour aller prendre possession de la maison du collège de cette ville qu'ils avoient précédemment choisis; au moyen de quoi M. le marquis de Langeron trouvera son hôtel libre à son arrivée ici.

M. de Saint-Ange vous rendant compte de l'état actuel de cette assemblée, j'ai cru pouvoir me dispenser de vous mander la même chose.

XXXIX

Plan d'organisation proposé pour les Etats de Franche-Comté par les ordres du Clergé et de la Noblesse, les Gens du Tiers-Etat s'étant constamment refusés à travailler de concert avec les deux autres ordres (2).

Les Chambres du Clergé et de la Noblesse, pour obéir à

---

(1) Les députations se composèrent ce jour-là : la première de l'abbé de Maillac, du comte Mouret de Montrond et de l'avocat Martin ; la deuxième de l'évêque de Saint-Claude, de l'abbé de Laubespin, du marquis de Montrond, de M. de la Poype, de l'avocat Martin et de M. Chartrain, maire de Dole.

(2) Imprimé en 1788.

l'arrêt du Conseil du 1er novembre 1788, qui ordonne la convocation des Etats de la province de Franche-Comté, conformément à ce qui s'est passé aux Etats de cette province, assemblés en 1666, et qui, pour parvenir à une plus parfaite organisation intime l'ordre de proposer les changements à faire aux formes des anciens Etats de cette province, se sont occupées de ce travail.

Les Gens du Tiers-Etat s'étant constamment refusés à travailler de concert avec elles sur les objets énoncés, les Chambres du Clergé et de la Noblesse ont délibéré de présenter à Sa Majesté le plan d'organisation renfermé dans les articles suivants :

Art. 1er. — Pour se conformer à l'ancienne constitution de Franche-Comté, les Etats continueront à être composés de trois ordres, trois chambres et trois voix.

Art. 2. — Dans toutes délibérations qui ne concernent que le régime d'une chambre la pluralité sera formée par scrutin et une voix de plus que la moitié des suffrages fixera le vœu de la Chambre, et, dans le cas d'égalité des voix, le suffrage du prédent déterminera la pluralité. Pour former le vœu d'une chambre, en matière de législation et en matière fiscale, il faudra au moins les trois cinquièmes des suffrages.

Art. 3. — En matière d'imposition, législation et administration quelconque, les Chambres ne pourront délibérer en commun, et le concours des vœux des trois Chambres formées selon le prescrit de l'article précédent sera nécessaire pour former le décret.

Art. 4. — Les Etats ne pourront faire aucun emprunt, ni imposer aucune somme pour leurs affaires particulières qu'après avoir obtenu la permission de Sa Majesté, et sous la condition qu'ils ne feront jamais aucun emprunt qu'en destinant préalablement les fonds nécessaires pour le payement des intérêts et le remboursement des capitaux à des époques fixes et déterminées.

Art. 5. — La Chambre du Clergé sera présidée par Mgr l'archevêque qui sera aussi, suivant l'ancien usage, président des trois ordres en sa qualité de président du premier ordre.

Art. 6. — En l'absence du seigneur archevêque, la Chambre

du Clergé sera présidée par le seigneur évêque de Saint-Claude.

Art. 7. — En l'absence du seigneur archevêque et du seigneur évêque de Saint-Claude, le seigneur haut-doyen du Chapitre de l'Eglise métropolitaine sera président de la Chambre du Clergé.

Art. 8. — Dans le cas où le seigneur archevêque de Besançon, le seigneur évêque de Saint-Claude et le seigneur haut-doyen de l'Eglise métropolitaine de Besançon ne paroîtroient pas à l'assemblée, la Chambre du Clergé est autorisée à se choisir un président de son ordre.

Art. 9. — Le seigneur archevêque de Besançon et le seigneur évêque de Saint-Claude, légitimement empêchés, auront seuls la faculté de se faire représenter aux Etats, par des ecclésiastiques possédant bénéfices dans la province, qui prendront séance selon leur ordre et dignité personnelles.

Art. 10. — Immédiatement après le seigneur archevêque de Besançon, le seigneur évêque de Saint-Claude et le seigneur haut-doyen du Chapitre métropolitain, siégeront les seigneurs abbés de l'ordre de Saint-Augustin, suivant l'ancienneté de la fondation de leur abbaye, ceux de l'ordre de Saint-Benoît, ceux de l'ordre de Citeaux et ceux de l'ordre des Prémontrés. Suivront les deux députés du Chapitre métropolitain de Besançon, celui du Chapitre de l'Eglise cathédrale de Saint-Claude, les prieurs de Saint-Augustin et de Saint-Benoît dans leur ordre, et les députés des Eglises collégiales, suivant la date de leur fondation.

Art. 11. — Pour conserver aux cinq Chapitres nobles des Dames chanoinesses établis et fondés dans la province, le droit d'avoir un représentant aux Etats, nous les autorisons à s'y faire représenter par un chanoine de l'Eglise métropolitaine de Besançon, de Saint-Claude de Baume ou de Lure, lequel sera nommé dans l'ordre suivant : 1º par le Chapitre de Baume-les-Dames ; 2º par celui de Château-Chalon ; 3º par celui de Lons-le-Saulnier ; 4º par celui de Migette ; et 5º par celui de Montigny.

Art. 12. — Egalement frappés de la nécessité de faire représenter les besoins des campagnes par des curés, qui, en raison de la résidence qu'ils y ont, sont plus à portée de connaître la partie la plus indigente des peuples et du danger qu'il y aurait d'enlever lesdits curés à leurs fonctions, nous avons ordonné qu'indépendamment de quelques curés de villes qui peuvent assister aux Etats, et comme prieurs, et comme députés des Chapitres dont ils sont membres, six curés des campagnes du diocèse de Besançon et deux des campagnes du diocèse de Saint-Claude entreront dans la Chambre du Clergé, où ils siégeront à la suite des députés des Chapitres, nous en rapportant à la prudence des seigneurs archevêque de Besançon et évêque de Saint-Claude dans leurs diocèses respectifs pour l'ordre de convocation dans lequel les députés des curés seront librement élus.

Art. 13. — Prenant égard au nouvel état des religieux rentés qui, depuis l'établissement des commandes, jouissent du droit d'administrer leurs revenus, nous permettons que deux religieux de l'ordre de Saint-Benoît, deux de l'ordre de Cîteaux et un de l'ordre de Saint-Bruno entrent dans la Chambre du Clergé avec voix délibérative pour y veiller à la conservation de leurs intérêts et de leurs propriétés, lesquels cinq députés siégeront après les curés. Et comme il a été permis par un décret du concile de Trente aux religieux Dominicains, Carmes de l'ancienne observance, Cordeliers conventuels, Minimes et Carmes de l'étroite observance d'acquérir des possessions et propriétés, et que ces religieux contribuent aux charges de l'Etat, nous permettons aussi que ces cinq ordres religieux ayent dans la Chambre du Clergé un représentant alternatif suivant l'ordre ci-dessus énoncé, lequel siégera après les religieux de Saint-Benoît, de l'ordre de Cîteaux et de celui de Saint-Bruno. S'occupant aussi de la représentation nécessaire des communautés de filles religieuses, nous les avons autorisées à députer aux Etats, pour siéger dans la Chambre du Clergé, suivant son ordre et dignité, un représentant alternatif choisi parmi les supérieurs ecclésiastiques desdites communautés.

Art. 14. — Toutes élections et nominations se feront par la voye du scrutin.

Art. 15. — A chaque tenue d'Etats, la présidence de l'ordre de la Noblesse continuera d'être élective par la voye du scrutin, nul ne pouvant être élu qu'il ne soit membre de la Chambre.

Art. 16. — Il n'y aura entre les gentilshommes admis dans la Chambre aucune préséance.

Art. 17. — Il a été arrêté d'admettre dans la Chambre des gentilshommes ayant quatre générations de noblesse déjà acquise, y compris le présent, cent ans de noblesse, et la possession d'un fief en justice.

Art. 18. — Les chevaliers de justice de l'ordre de Malte possédant des commanderies dans la province seront admis dans la Chambre suivant l'ancien usage.

Art. 19. — Toutes élections pour charges ou commissions se feront par la voye du scrutin.

Art. 20. — La Chambre du Tiers sera composée de cent vingt-six députés. Les villes de la province en fourniront cinquante, et soixante-seize seront choisis par les campagnes.

Besançon fournira 7 députés, Dole 4, Gray 2, Champlitte 1, Gy 1, Pesmes 1, Arbois 3, Saint-Amour, 1, Pontarlier 2, Vesoul 3, Jussey 1, Lure 1, Luxeuil 1, Faucogney 1, Faverney 1, Lons-le-Saunier 2, Saint-Claude 2, Baume 3, Ornans 2, Salins 3, Nozeroy 1, Quingey 2, Poligny 2, Orgelet 2, Moirans 1.

Art. 21. — Besançon, dans le nombre de 7 députés, en choisira 2 dans la classe des commerçants, 1 dans le nombre des cultivateurs propriétaires, et les autres au choix de la commune.

Art. 22. — Chacune des autres villes de la province qui jouissent du droit d'envoyer aux Etats plus d'un député sera obligée d'en choisir un dans la classe des commerçants.

Art. 23. — Nul ne sera électeur s'il n'a 25 ans accomplis et s'il n'est chef de famille, et nul ne pourra être éligible qu'il ne soit âgé de 30 ans aussi accomplis et qu'il ne soit également chef de famille. Tous devront avoir une résidence personnelle de huit mois par chaque année dans le lieu où ils seront électeurs ou élus.

Art. 24. — Nul des campagnes ne pourra être électeur s'il ne paye 2 livres d'imposition ordinaire à raison de ses propriétés, et nul ne sera éligible s'il ne paye 6 livres de la même imposition également sur ses propriétés, et dans les villes tout électeur payera 12 livres de toutes impositions, et tout éligible en payera 30.

Art. 25. — Ceux qui seront employés dans l'administration

fiscale ne pourront être élus pour représenter les communes des villes ou des campagnes, leur laissant cependant la faculté d'être électeurs en remplissant les conditions prescrites à tous les électeurs.

Art. 26. — Les électeurs de chaque communauté rurale s'assembleront sur la place publique par devant le greffier de la Justice du ressort pour nommer un éligible à la pluralité des voix ; et lorsqu'il n'y aura pas de greffier dans le lieu de l'assemblée, le greffier le plus voisin sera appelé, sans que, dans l'un et l'autre cas, le greffier puisse avoir suffrage et soit éligible lui-même.

Art. 27. — Les élus des communautés de chaque arrondissement s'assembleront au chef-lieu du district au jour qui leur sera désigné en suite d'ordres du Roi pour y faire choix d'un député qui prendra séance dans la Chambre du Tiers. Dans la formation des 76 districts qui diviseront toute la province à l'exception des villes, les Chambres ont pris pour base l'imposition ordinaire, et chacun des 76 districts fournira un représentant à la Chambre du Tiers sous le nom du chef-lieu de son arrondissement, et la carte de chacun de ces districts sera jointe au présent règlement.

Art. 28. — Le bailliage de Vesoul aura 19 représentants, celui de Lons-le-Saulnier en aura 5, celui de Quingey 1, celui d'Arbois 1, celui de Besançon 4, celui d'Ornans 4, celui de Pontarlier 5, celui de Salins 4, celui de Poligny 4, celui d'Orgelet 4, celui de Dole 8, celui de Saint-Claude 3, celui de Gray 8 et celui de Baume 6.

Art. 29. — La Commission intermédiaire sera composée de 18 membres, 6 de chaque Chambre pris dans les quatre Grands-Bailliages, en observant, conformément à l'art. 13 et en conséquence des mêmes considérations, qu'aucun curé des campagnes ne pourra entrer dans la composition de ladite Commission intermédiaire, quoiqu'ils aient le droit de donner leurs suffrages pour la formation d'icelle.

Art. 30. — Les membres de la Commission intermédiaire seront élus au scrutin.

Art. 31. — Comme il est essentiel qu'après une aussi longue suspension de la tenue des Etats de la province de Franche-

Comté, les nouveaux administrateurs acquièrent une grande masse d'instructions et de lumières, Sa Majesté est suppliée de convoquer lesdits Etats chaque année pendant trois ans consécutifs, et dans la suite d'après l'ancien usage de les convoquer tous les trois ans, d'ordonner en outre que la Commission intermédiaire continuera son travail pendant trois années, laissant la liberté aux Etats de la renouveler à cette époque par moitié dans chaque Chambre, par la voye du sort pour ceux qui doivent sortir et par celle du scrutin pour ceux qui doivent entrer.

Art. 32. — La Commission intermédiaire élira son président, au scrutin dans le premier ordre, et, en cas d'absence du président, il sera remplacé au scrutin dans le second ordre.

Art. 33. — Toute affaire sera décidée à la pluralité des voix, et, dans le cas de partage, la Commission appellera trois membres, un de chaque ordre, pour départir son opinion.

Art. 34. — La Commission s'assemblera au moins deux fois par semaine. Le président aura le droit de la convoquer toutes les fois que les affaires l'exigeront.

Art. 35. — La Commission ne pourra arrêter aucune délibération qu'elle ne soit composée de 9 membres au moins.

Art. 36. — Lorsqu'il y aura quelque place vacante dans la Commission intermédiaire, elle sera remplie au choix des membres de la Commission dans l'ordre duquel elle aura vaqué, et ce choix n'aura son effet que jusqu'à la première tenue des Etats.

Art. 37. — Les émoluments de la Commission intermédiaire et des autres charges seront fixés par les Etats.

Art. 38. — Les fonctions de la Commission intermédiaire, les correspondances à établir dans les villes des bailliages, ainsi que les instructions sur les parties de l'administration qui seront confiées à la Commission, seront réglées par les Etats.

Art. 39. — La Commission intermédiaire sera solidaire pour la recette de tous les deniers de la province qui seront déposés dans une caisse fermée par trois serrures et par trois clefs contradictoires, dont une sera remise entre les mains des commissaires de chacun des trois ordres.

Art. 40. — Il sera nommé à l'assemblée générale, par scrutin, un secrétaire général des Etats.

Art. 41. — Sa Majesté est suppliée de vouloir bien continuer la convocation future des Etats de notre province dans la ville de Besançon et de fixer l'époque de la tenue des Etats du 1er novembre au 1er mai.

Art. 42. — Les Chambres pressées par le tems et la nécessité de présenter à Sa Majesté le vœu de la province pour la nouvelle organisation de ses Etats avant la convocation des Etats-Généraux, se sont réservées de travailler aux détails particuliers de l'administration. Elles supplient néanmoins Sa Majesté de recevoir les offres de leur volonté sur les sacrifices pécuniaires que peuvent demander les circonstances et la position actuelle des peuples.

Arrêté dans les Chambres du Clergé et de la Noblesse, assemblées à Besançon, le 15 décembre 1788.

Signé : R., archevêque de Besançon, président de l'Eglise; et Prince de Bauffremont, président de la Noblesse de Franche-Comté.

XL

Plan d'organisation des Etats de Franche-Comté dressé par les Gens du Tiers-Etat de la plupart des villes et de quelques communautés de la province assemblés à Besançon en exécution d'arrêt du Conseil du 1er novembre 1788 (1).

Art. 1. — Les Etats de Franche-Comté seront formés de cent quarante-quatre représentants ou députés des trois Ordres de la province, savoir : vingt-quatre membres du Clergé, quarante-huit de la Noblesse et soixante-douze du Tiers-Etat.

Art. 2. — Nul ne pourra être admis aux Etats, ni voter pour la nomination des représentants qu'il ne soit âgé de 25 ans accomplis et domicilié dans le royaume.

Art. 3. — Aucun membre des Etats ne pourra s'y faire représenter par personne.

Art. 4. — La représentation du Clergé sera formée par : l'archevêque de Besançon et l'évêque de Saint-Claude; un commandeur de Malte; deux députés de l'église cathédrale de Be-

---

(1) Imprimé en 1788.

sançon; un de celle de Saint-Claude; un député des chapitres nobles de Baume, Lure et Gigny à l'alternative entre eux dans l'ordre où ils sont désignés; deux abbés réguliers ou commandataires; un prieur régulier ou commandataire, prieur simple, chapelain ou autres bénéficiers; cinq députés des églises collégiales : cinq curés; deux députés des communautés régulières d'hommes; deux des abbayes, chapitres et communautés régulières de filles; les mendiants qui ne vivent que d'aumônes excepté dans les deux dernières classes.

Art. 5. — L'élection des députés sera faite de la manière suivante. Le commandeur de Malte sera nommé par son chapitre; les députés des églises collégiales nobles aussi par leurs chapitres; ceux des autres collégiales par des députés électeurs de chacune d'elles; ceux des abbés par la classe des abbés; ceux des prieurs et autres bénéficiers par leur classe; ceux des ordres et communautés régulières d'hommes par des députés électeurs choisis dans chaque maison; ceux des abbayes, chapitres et communautés régulières de filles par des députés électeurs de chaque maison et pris dans le clergé séculier ou régulier; les curés par des députés électeurs choisis par décanats ou archiprêtrés dans les diocèses de Besançon, Saint-Claude et Dijon; et quant aux curés des autres diocèses (1), ils seront tenus de se réunir au décanat le plus voisin.

Art. 6. — Pour élire les députés aux Etats, les députés électeurs de chaque classe s'assembleront aux jour, lieu et heure qui leur seront désignés par devant l'archevèque de Besançon ou son vicaire-général, encore qu'ils fussent d'autres diocèses.

Art. 7. — La noblesse, pour l'élection de ses membres, s'assemblera devant les baillis d'épée des quatre bailliages d'Amont, d'Aval, de Dole et de Besançon, et, en cas d'absence ou d'empêchement des baillis, devant les syndics qu'elle se choisira dans chacun de ses districts. La noblesse du bailliage d'Amont nommera seize députés; celle du bailliage d'Aval, y compris la grand-judicature de Saint-Claude, quatorze; celle du

---

(1) Les curés de Bourguignon-lez-Morey, Suaucourt et de Vitrey du diocèse de Langres, et ceux des Hôpitaux, de Jougne et de Métabief du diocèse de Lausanne.

bailliage de Dole, dix ; et celle du bailliage de Besançon huit. Le procès-verbal de ces nominations sera envoyé au secrétaire des Etats, et l'on y inscrira les noms des quatre personnes qui auront réuni le plus de voix après les députés pour remplacer ceux-ci en cas de mort ou de décision.

Art. 8. — Pour pouvoir être électeur dans l'ordre de la Noblesse, il suffira d'avoir la noblesse acquise et transmissible et d'avoir une propriété dans la province.

Art. 9. — Pour être éligible dans le même ordre, il faudra faire preuve de quatre générations faisant cent ans de noblesse, avoir la libre administration d'immeubles féodaux ou ruraux situés dans la province et soumis à 50 livres d'imposition royale et foncière.

Art. 10. — Aucun noble ne pourra être électeur ni éligible en deux bailliages à la fois, mais chaque noble ayant les qualités requises pourra choisir entre le bailliage de son domicile et celui de sa propriété, à cet effet le bailli ou le syndic des quatre bailliages cy devant nommés tiendra un role dans lequel se feront inscrire les membres de cet ordre qui pourront être électeurs ou éligibles, et cette inscription déterminera irrévocablement pour quatre ans le bailliage dans lequel ils pourront élire ou être élus, sans qu'il soit permis pendant cet intervalle de se faire inscrire dans un autre, à moins qu'on ait cessé d'être propriétaire ou domicilié dans le premier.

Art. 11. — Les maris dont les femmes auront des biens soumis à 50 livres d'imposition royale et foncière pourront être électeurs et éligibles, il en sera de même des veuves propriétaires qui pourront se faire représenter par un de leurs enfants majeurs, en vertu d'une procuration au moyen de laquelle ils seront électeurs ou éligibles. Les dispositions de cet article auront également lieu pour le Tiers-Etat.

Art. 12. — Les ecclésiastiques, les nobles, tous possesseurs de fiefs et officiers de justice seigneuriale ne pourront être admis parmi les représentants du Tiers, ni assister aux assemblées qui seront tenues pour nommer les députés de cet ordre.

Art. 13. — Des soixante-douze députés du Tiers-Etat, moitié sera prise dans les villes désignées au présent article et moitié dans les bourgs et villages. Des trente-six députés des villes,

Besançon en fournira 7, Salins 2, Dole 3, Gray 2, Vesoul 2, Lons-le-Saulnier 2, Baume 1, Poligny 1, Arbois 2, Orgelet 1, Pontarlier 1, Ornans 1, Quingey 1, Saint-Claude 1, Luxeuil 1, Faucogney 1, à l'alternative et dans l'ordre où ils sont nommés, Champlitte et Pesmes 1, Conliège et Bletterans 1, Saint-Amour et Moirans 1, Clerval et Faverney 1, Clervaux et Nozeroy 1, Jussey et Gy 1, Héricourt et Lure 1.

Art. 14. — Des trente-six députés des bourgs et villages, ceux des bailliages de Vesoul en fourniront 9, de Besançon 1, de Salins 2, de Dole 4, de Gray 4, de Lons-le-Saulnier 2, de Baume 3, d'Orgelet 1, d'Ornans 2, de Poligny 2, de Pontarlier 3, de Saint-Claude 2, d'Arbois et de Quingey réunis 1.

Sauf aux Etats assemblés de faire pour les villes et les campagnes une plus juste distribution des députés s'ils peuvent y parvenir.

Art. 15. — Demeureront réunis au bailliage d'Amont, pour l'effet des élections et convocations dans les trois ordres, les terres ressortissantes nûment au Parlement, telles que Lure, Luxeuil et autres adjacentes, sans que la dite réunion puisse être tirée à conséquence contre les droits et privilèges des dites terres, auxquels nous n'entendons attoucher.

Art. 16. — Nul ne pourra être représentant de l'ordre du Tiers dans les Etats qu'il n'ait la libre administration de propriétés situées dans la province et soumise à 50 livres d'imposition royale et foncière.

Art. 17. — Ne pourront être élus ceux qui seroient chargés directement ou indirectement d'aucunes adjudications ou entreprises d'ouvrages publics aux frais de la province.

Art. 18. — Aucune personne employée en qualité d'agent collecteur ou à quelque autre titre que ce soit pour la levée des rentes, dîmes et devoirs seigneuriaux, ne pourra être élue pendant la durée de son employ.

Art. 19. — Ne pourront être également élus les fermiers des seigneurs ayant part aux amendes, et, quant aux autres, leurs voix ainsi que celles de leurs seigneurs ne seront pas comptées quand ils se trouveront ensemble aux mêmes tenues d'Etats.

Art. 20. — Ne pourront être également élus les subdélégués du commissaire Départi, leurs commis et secrétaires, non plus que ceux qui exercent quelques charges, emplois ou commissions médiates ou immédiates dans toutes les parties des finances de Sa Majesté.

Art. 21. — Dans l'ordre du Tiers-Etat, nul ne pourra être électeur, ni éligible en deux lieux à la fois. Chaque personne du Tiers-Etat ayant les qualités requises pourra choisir entre le lieu de son domicile et celui de sa propriété à cet effet. Il sera fait tous les deux ans, par les officiers municipaux ou échevins des villes, bourgs et villages, un role des électeurs et des éligibles. Lorsqu'on y aura été inscrit, on ne participera point aux élections qui se feront dans d'autres communautés. On ne pourra être inscrit dans le role d'une autre communauté qu'après le terme de quatre ans, à moins que, pendant ces intervalles, on n'ait cessé d'être propriétaire dans la première ou changé son domicile.

Art. 22. — Les villes qui auront des députés particuliers, les enverront directement aux Etats et les nommeront dans leurs assemblées municipales auxquelles seront appelés un syndic de chaque corporation du Tiers-Etat et les propriétaires domiciliés du même ordre payant, savoir : dans la ville de Besançon 40 livres d'imposition royale foncière, 20 livres dans les villes où est le siège d'un bailliage royal et 10 livres dans les autres.

Art. 23. — Dans les autres lieux, les communautés tiendront chacune des assemblées particulières aux formes ordinaires. Ces assemblées seront indiquées par affiche, huitaine à l'avance. Dans les communautés qui ont des conseils d'administration, on convoquera les propriétaires payant 10 livres d'imposition royale foncière, et dans les autres tous les propriétaires payant 6 livres. On convoquera également dans toutes les communautés les propriétaires fermiers qui, payant les mêmes charges, auront été inscrits dans le role des électeurs.

Art. 24. — Dans les dites assemblées, les communautés nommeront chacune un député, lequel se rendra au lieu destiné pour l'assemblée de l'arrondissement. Ces députés ne pourront être choisis que parmi les propriétaires domiciliés ou forains qui auront été inscrits dans le role des éligibles et qui auront les qualités prescrites pour être élus aux Etats, sans qu'il soit nécessaire d'être présent à l'assemblée pour être élu, et si dans une paroisse il y a plusieurs communautés, elles pourront se réunir dans le chef-lieu pour nommer ensemble et par un même vote leurs députés.

Art. 25. — Pour élire les députés aux Etats, les premiers députés s'assembleront, savoir : ceux du bailliage de Vesoul à Port-sur-Saône, ceux de Gray à Dampierre-sur-Salon, ceux de Dole à Rochefort, ceux de Lons-le-Saulnier à Montmorot, ceux de Besançon à Pouilley-les-Vignes, ceux de Baume à Belvoir, ceux d'Orgelet à la Tour-du-Meix, ceux de Saint-Claude à Saint-Lupicin, ceux d'Ornans à Valdahon, ceux de Poligny à Château-Châlon, ceux d'Arbois et de Quingey au Port-de-Lesné, ceux de Salins à Cernans, ceux de Pontarlier à la Cluse.

Art. 26. — Les députés des bourgs et villages rassemblés dans les chefs-lieux de chaque district cy-dessus exprimés, éliront parmi eux un président et un secrétaire. Ils nommeront également ceux qui devront représenter les districts aux Etats. Les députés des communautés qui payeront depuis 500 livres et au-dessous d'imposition ordinaire auront une voix. Les députés de celles qui payeront depuis 500 livres jusqu'à 1000 livres auront deux voix, depuis 1000 livres jusqu'à 1500 livres trois voix et ainsi progressivement par 500 livres, sans avoir égard aux nombres intermédiaires ; et seront les députés qui prétendront plusieurs voix tenus de justifier de la cotte d'imposition de leur communauté. Le procès-verbal de cette nomination sera envoyé au secrétaire des Etats, et l'on y inscrira le nom des personnes qui auront réuni le plus de voix après les députés aux Etats.

Art. 27. — Le Roi fera convoquer les Etats chaque année au mois de novembre. Ils pourront à la fin de chaque assemblée exprimer leur vœu sur le lieu où devra se tenir l'assemblée de l'année suivante, et quant à la première assemblée, elle se tiendra en la ville de Dole.

Art. 28. — Les députés des différents ordres, sans aucune distinction, recevront 6 livres par jour, sans que ce payement puisse continuer plus de trente jours y compris le tems nécessaire pour leur voyage, quand même la tenue des Etats seroit prorogée au dela de ce terme.

Art. 29. — Les Etats choisiront leur président parmi les

membres du premier et du second Ordre de la province ayant les qualités requises pour être admis aux Etats, et ce président devra être agréé par Sa Majesté. Il sera élu dans le cours de la quatrième année, pour entrer en fonctions l'année suivante, et celui des deux premiers ordres dans lequel le président aura été nommé aura un député de moins, le président devant être compté parmi les membres des Etats.

Art. 30. — Les Etats nommeront deux procureurs-généraux syndics, l'un pris dans le premier ou le second ordre, et l'autre dans celui du Tiers. Ils choisiront dans ce dernier ordre un secrétaire, qui ne fera point partie des 144 députés, sera révocable à volonté et n'aura que voix instructive.

Art. 31. — Le Roi autorise les Etats à choisir pour les recettes et dépenses particulières à la province un trésorier, qui sera domicilié en Franche-Comté ainsi que ses cautions; il ne sera point membre des Etats et ne pourra y entrer que lorsqu'il sera appelé; il sera également révocable à volonté.

Art. 32. — Les Etats éliront parmi leurs membres trois personnes du Clergé, six de la Noblesse et neuf du Tiers-Etat, y compris les deux procureurs-généraux syndics. Ces dix-huit personnes formeront la Commission intermédiaire. Les membres de cette Commission seront choisis de manière qu'il s'y trouve des députés de chaque bailliage.

Art. 33. — Pour seconder les travaux de la Commission intermédiaire, les Etats établiront dans les bailliages, de la manière qu'ils jugeront convenable, un bureau de correspondance dont les membres seront choisis parmi les personnes députées aux Etats, la Grande-Judicature de Saint-Claude étant réputée bailliage pour l'objet dont il s'agit.

Art. 34. — Les communautés qui n'ont point de conseil d'administration seront invitées à établir un bureau, lequel sera composé de trois habitants au moins. Ce bureau correspondra directement avec celui du bailliage de son ressort. Les membres de ce bureau devront avoir les qualités requises pour être électeurs. Ils seront élus dans une assemblée convoquée à cet effet dans la forme ordinaire, et sera le procès-verbal de leur élection envoyé au secrétaire du bureau du bailliage. Les seigneurs, leurs officiers et fermiers ainsi que les curés ne pourront paroître à cette assemblée, ni faire partie du bureau.

Art. 35. — La Commission intermédiaire élira son président dans l'un des deux premiers ordres.

Art. 36. — Toutes élections et nominations quelconques seront faites par la voye du scrutin, sauf les élections dans les campagnes, lesquelles pourront se faire à haute voix. Mais quant aux élections pour la Commission intermédiaire et les syndics, le scrutin sera requis jusqu'à ce que l'une des personnes désignées ait réuni plus de la moitié des suffrages.

Art. 37. — Le président, soit des Etats, soit de la Commission intermédiaire, sera remplacé en son absence, s'il est de l'ordre de l'Eglise, par le plus âgé des gentilshommes, et s'il est de l'ordre de la Noblesse par celui qui se trouvera avoir la première séance dans l'ordre du Clergé.

Art. 38. — La Commission intermédiaire tiendra ses séances à Besançon, sauf aux Etats à demander au Roi qu'elle soit placée dans un autre lieu, si le bien du service l'exige. Les membres de cette Commission ne pourront s'absenter sans une nécessité indispensable que pendant trois mois de l'année, de manière cependant qu'ils restent toujours au nombre de douze dans le lieu de son établissement, et les procureurs-généraux-syndics ne pourront jamais s'absenter tous les deux à la fois.

Art. 39. — La Commission intermédiaire s'assemblera au moins une fois par semaine; mais le président pourra convoquer, et les syndics pourront requérir des assemblées plus fréquentes toutes les fois que le bien du service leur paroîtra l'exiger.

Art. 40. — Les membres de la Commission intermédiaire ne pourront prendre aucune délibération qu'ils ne soient au nombre de onze.

Art. 41. — Les membres des Etats resteront en place pour la première fois pendant quatre ans sans aucun changement, et, après ce terme, il sera élu comme un nouveau président, et la moitié des députés dans chaque ordre et dans chaque district sortira par la voye du sort. Deux ans après, l'autre moitié se retirera, et ensuite, tous les deux ans, la moitié sortira par ancienneté, de manière que à l'avenir aucun des membres ne reste dans les Etats plus de quatre ans, à l'exception des procureurs-généraux-syndics qui pourront être continués par une nouvelle élection pour quatre années seulement. Ils ne pourront néanmoins être changés tous les deux en même temps; et à cet effet, pour la première fois, l'un d'eux se retirera par la voye du sort, à l'expiration des quatre premières années et l'autre après six ans.

Art. 42. — Au premier changement des membres des Etats, l'on fera sortir, par la voye du sort, deux députés des églises cathédrales, un abbé, un prieur, deux curés, deux députés des églises collégiales et deux députés des communautés régulières.

Art. 43. — Nul ne pourra être élu de nouveau membre des Etats qu'après un intervalle de deux ans depuis qu'il en sera sorti.

Art. 44. — On fera connoître à tous ceux des membres des Etats qui, par le sort, auront été obligés de se retirer, afin que les divers corps du Clergé, de la Noblesse ou du Tiers-Etat dans chaque district puissent les remplacer; il en sera usé de même pour la Commission intermédiaire qui sera renouvelée par les Etats aux mêmes époques.

Art. 45. — Lorsqu'il vaquera des places dans les Etats avant les époques où les membres doivent être renouvelés par moitié, les différents corps du Clergé procèderont à de nouvelles élections, suivant les formes prescrites, et quant aux députés de la Noblesse et du Tiers-Etat, ils seront alors remplacés dans les divers districts par ceux qui, suivant le résultat du scrutin, auront dans la nomination précédente réuni le plus de suffrages après les personnes élues. Ceux qui seront admis à remplir les places ainsi vaquantes ne pourront rester dans les Etats que jusqu'au terme où auroient dû sortir les députés auxquels ils ont succédé, à moins qu'ils ne soient élus de nouveau dans les assemblées du district.

Art. 46. — Lorsque les places vaqueront de la même manière dans la Commission intermédiaire, elle pourra y nommer des membres des Etats pris dans le même ordre et le même district. Et dans le cas où l'une des places des deux procureurs-généraux-syndics viendroient à vaquer, elle pourra en confier les fonctions à l'un de ses membres et ces différentes nominations n'auront lieu que jusqu'à la première convocation des Etats.

Art. 47. — Les Etats feront la répartition de toutes les impositions foncières et personnelles, tant de celles qui seront destinées pour le trésor royal que de celles qui seront relatives aux besoins de la province. Ils ordonneront, sous l'autorité du Roi, la confection de tous les chemins, ponts et chaussées, canaux, digues et autres ouvrages publics qui se feront aux frais de la province; ils en surveilleront l'exécution et ils en passeront les adjudications par eux ou par la Commission intermédiaire ou par d'autres délégués.

Art. 48. — Les Etats seront chargés de la distribution des dégrèvements ou décharges et modérations accordées par le Roi. Ils pourront arrêter, sous le bon plaisir de Sa Majesté, les récompenses, les indemnités et les encouragements qu'ils trouveront convenable pour l'agriculture, le commerce et les arts.

Art. 49. — Le Roi autorise les Etats et la Commission intermédiaire à vérifier les comptes des communautés et à déterminer sur leur requête les dépenses relatives aux réparations des églises, presbytères et autres dépenses particulières à chaque communauté. Pourront également les Etats ou la Commission intermédiaire permettre telle levée de deniers ou imposition locale qui sera délibérée par chacune des communautés pour acquitter les dépenses cy-dessus.

Art. 50. — Les villes de la province qui auront à solliciter l'autorisation de quelques dépenses nouvelles, la création, l'augmentation ou la prorogation de quelques octrois ou de quelque autre imposition locale pour y subvenir, enverront leur requête à l'assemblée des Etats ou à la Commission intermédiaire qui sera tenue de les adresser avec son avis au Conseil. Sa Majesté se réserve de faire connoître ses intentions sur la vérification des comptes des villes, d'après les nouveaux éclaircissements qu'elle prendra à cet égard.

Art. 51. — Le Roi se réserve pareillement d'attribuer successivement aux Etats et à la Commission intermédiaire la surveillance sur d'autres objets d'administration intérieure et Sa Majesté autorise et invite les dits Etats et la Commission intermédiaire à lui adresser dans toutes les circonstances telles représentations qu'ils jugeront convenables au bien de la province.

Art. 52. — Les Etats ne pourront faire aucun emprunt, ni

imposer aucune somme pour leurs affaires particulières qu'après avoir obtenu la permission de Sa Majesté et sous la condition qu'ils ne feront jamais aucun emprunt qu'en destinant préalablement les fonds nécessaires pour le payement des intérêts et le remplacement des capitaux à des époques fixes et déterminées.

Art. 53. — Tous les ans, avant leur clôture, les Etats remettront à la Commission intermédiaire une instruction sur les objets dont elle devra s'occuper et de l'exécution desquels elle rendra compte lors de leur prochaine convocation.

Art. 54. — La Commission intermédiaire ne pourra prendre de délibération que pour exécuter celles de la dernière assemblée des Etats, à l'exception des objets qu'il seroit impossible de différer jusqu'à la première assemblée des Etats et sous la réserve expresse de leur approbation.

Art. 55. — Dans les Etats et la Commission intermédiaire, il ne pourra être pris de délibérations que par les trois ordres réunis; pourra néammoins l'un des ordres faire renvoyer jusqu'au jour suivant une délibération proposée.

Art. 56. — Les procureurs-généraux-syndics pourront présenter des requêtes, former des demandes devant tous juges compétents et intervenir dans toutes les affaires qui pourroient intéresser la province, les communautés et les particuliers après y avoir été autorisés par les Etats ou la Commission intermédiaire.

Art. 57. — Toute loi nouvelle, avant son enregistrement dans les cours, sera communiquée aux procureurs-généraux-syndics, afin qu'il en soit délibéré par les Etats.

Art. 58. — Pour choisir les personnes qui seront députées par la province aux Etats-Généraux du royaume, le clergé, la noblesse et les communautés s'assembleront pour nommer, dans les formes et avec les qualités cy-devant prescrites, un nombre de représentants égal à celui des membres des Etats. Ces nouveaux représentants se réuniront avec les Etats pour élire, par la voye du scrutin, ceux qui seront envoyés aux Etats-Généraux, lesquels pourront être choisis au gré des électeurs, soit parmi les membres des Etats, soit parmi les autres citoyens, pourvu que les uns et les autres soient propriétaires et domiciliés dans la province sans distinction de lieu et de district. On députera un nombre de représentants du Tiers-Etat égal au nombre de ceux du premier et du second ordre réunis.

Art. 59. — Les Etats nommeront chaque année une commission particulière pour revoir les comptes que le trésorier aura rendu à la Commission intermédiaire et pour examiner ceux qui ne l'auront pas été ; et d'après le rapport des commissaires, ils arrêteront tous les comptes de l'année.

Art. 60. — Le trésorier ne pourra disposer d'aucune somme sans un mandat exprès des Etats ou de la Commission intermédiaire.

Art. 61. — Le tableau de situation des fonds du pays par recette et par dépense, l'état motivé et nominatif de la répartition des dégrèvements, indemnités, encouragements, gratifications, seront insérés dans les procès-verbaux des assemblées et rendus publics chaque année par la voye de l'impression. Il en sera envoyé un exemplaire au Conseil du Roi. Pourront les Etats et la Commission intermédiaire en envoyer un exemplaire à chaque communauté pour y être déposé dans ses archives.

Art. 62. — Les Etats fixeront le traitement du président, des autres officiers de la Commission intermédiaire, et des correspondants ; ils règleront les frais de bureau et autres dépenses nécessaires. Tous ces frais, après qu'ils auront été autorisés par Sa Majesté, seront supportés par les trois ordres.

Arrêté à la séance du 15 décembre 1788.

Signé : Le Lieutenant-Général de Vesoul, président.

XLV

Motifs du plan dressé par les gens du Tiers-Etat de Franche-Comté, représentant quelques villes et villages, pour l'organisation des Etats futurs de la province (1).

L'assemblée n'a pas cru pouvoir prendre un modèle plus sage, plus agréable au bien de la province que le plan consacré pour le Dauphiné par l'arrêt du 24 octobre de cette année ; elle s'y

---

(1) Imprimé en 1788.

est fortement attachée, elle s'est piquée d'en emprunter jusqu'aux expressions, quand elle a pu le faire sans blesser son vœu particulier ou les considérations locales. Il est bien juste que cette province où la saine raison et l'intérêt général viennent de remporter une si belle victoire sur les préjugés et sur l'intérêt personnel soit citée par les communes de Franche-Comté et cet hommage devroit être renouvelé de siècle en siècle par toutes les communes du royaume.

La sanction de l'autorité royale intervenue sur le plan du Dauphiné dispense de donner des motifs aux articles que les gens du Tiers-Etat de Franche-Comté en ont empruntés. On se bornera donc aux articles nouveaux qu'ils se sont formés.

Art. 4. — La rigueur des principes eût exigé que l'on eût fait alterner l'archevêque de Besançon et l'évêque de Saint-Claude ; mais il a paru dur que l'archevêque, dont le diocèse embrasse presque la totalité de la province, fût exclus en aucun cas par l'évêque dont le diocèse n'en a qu'une faible partie ; d'autre côté l'autre de ces prélats ne pouvoit raisonnablement être exclu ; on a concilié les prétentions des deux prélats en les admettant concurremment.

Le nombre des curés paroîtra considérable, mais il est à observer que ces ministres de la religion devroient avoir à eux seuls le quart de la représentation du clergé : on ne compte pas moins de huit cent quarante curés dans la province, sans parler de plus de quatre cents vicaires forains, et le nombre des abbés, prieurs et chanoines ne s'élève pas au-dessus de ceux cent quarante-trois. D'ailleurs les curés prétendent payer plus du quart des décimes ou don gratuit.

On aurait pu n'admettre parmi les curés que ceux qui sont propriétaires, mais c'eût été donner l'exclusion à d'excellents pasteurs de qui les Etats peuvent attendre des lumières.

Quant aux ordres mendiants, il semble qu'ils auroient dû avoir une exclusion absolue ; mais comme ils ont dans cette province des maisons assez rentées pour se passer de la quête, on a pris un juste tempérament en admettant celles-ci et en réservant l'exclusion pour les autres.

Art. 7. — On a pris les quatre grands-bailliages primitifs

comme les divisions les plus simples, et la noblesse n'est pas assez nombreuse pour en souffrir.

Art. 10. — On a cru devoir laisser à la Noblesse et au Tiers-Etat le choix entre le lieu du domicile et celui de la propriété : souvent on ne possède rien dans le lieu de son domicile, souvent on n'a point d'habitation dans celui de sa propriété, souvent encore l'on est commandé pour rester dans l'un ou l'autre de ces endroits ; la liberté du choix convient donc mieux et l'on peut se reposer sur l'intérêt qui saura bien se placer où il lui sera le plus avantageux de voter.

Art. 12. — Cet article exclut aussi les seigneurs non nobles et les officiers des seigneurs en général, les seigneurs, parce que comme possesseurs de biens privilégiés, ils ont des intérêts opposés à ceux de l'ordre du Tiers, les officiers parce que, comme amovibles, ils sont plus commensaux des seigneurs que ministres de la justice.

Art. 13 et 14. — On auroit bien désiré distribuer les députés d'après la population combinée avec la somme de contribution, mais ce parti a trouvé des obstacles. Il n'y avoit point d'imposition qui pût servir de base commune. Plusieurs villes ne payent point l'imposition ordinaire, qui est la taille du pays ; ce n'est donc pas de celle-là qu'il eût été permis de partir. Les villes affranchies de l'imposition ordinaire payent en proportion beaucoup plus de vingtième que les autres ; la base du vingtième eût donc été fautive. Il y a plus, car l'opération que l'on eût faite sur chaque ville, il auroit fallu la répéter sur chaque communauté, et l'on n'en avoit ni le temps, ni les moyens. On s'est donc fait une base par approximation et pour les villes en particulier ; on a considéré qu'elles devoient emporter la moitié de la représentation, ne fût-ce qu'à raison d'une certaine force morale qui peut ne pas se trouver dans les campagnes, du moins dans le même degré d'énergie ou avec le même succès. Au surplus, on a bien senti qu'il pouvoit y avoir des proportions violées ; aussi a-t-on laissé aux Etats la faculté d'y revenir sur les mémoires et connaissances locales qu'ils se seroient ménagées.

Art. 19. — On croit avoir pris par rapport aux fermiers un juste tempérament entre la suspicion qui paroît demander leur éloignement et les égards qu'ils méritent d'ailleurs ; on n'exclut que ceux qui ont part aux amendes, parce que ce genre de bénéfice leur donne trop d'autorité sur les gens de campagne ; et quant aux autres on ne les exclut que quand ils se trouvent en concours avec leurs seigneurs, ce qui n'a rien de désobligeant pour eux.

Art. 21. — On auroit désiré de ne donner aucune exclusion au défaut de fortune ; mais la répartition des impôts étant l'objet le plus conséquent des Etats, il a paru plus convenable de faire dépendre le droit d'y voter d'un intérêt marqué en ce genre. D'ailleurs les facultés morales sont plus cultivées dans ceux qui ont quelque fortune.

Art. 25. — L'idée de faire une grande quantité d'arrondissements pour l'élection des premiers députés des communautés a paru trop compliquée, ne fût-ce que par la difficulté de rappeler nominativement toutes les communautés et de les classer avec justice. On s'est borné à douze arrondissements, et, autant que le local l'a permis, on en a placé les chefs-lieux dans les prévôtés royales pour leur donner une sorte de dédommagement de la perte qu'elles font de leur séance aux anciens Etats.

Art. 26. — Chaque communauté, quelque petite qu'elle soit, étant appelée à se donner un député électeur, l'équité a inspiré de donner un avantage à celles qui seroient supérieures en contributions. On croit y être parvenu en donnant au même député plusieurs voix en raison de cette supériorité, et l'on a fixé assez haut le taux de chaque voix pour qu'une communauté ne puisse guère en avoir plus de trois.

Art. 32. — On a cru devoir fixer au nombre de dix-huit les membres de la Commission intermédiaire. Ce nombre paroît nécessaire pour obtenir plus de lumières et de travail, surtout dans un commencement d'Etats, où il y aura une immensité d'affaires.

Art. 34. — Il a paru dangereux de laisser au bureau du district ou bailliage le choix des correspondants dans les campagnes, et l'on a pensé qu'un conseil établi par chaque communauté pour répondre aux questions qu'on lui feroit et en proposer qu'on ne lui feroit pas, vaudroit infiniment mieux. Il ne peut en résulter que des renseignements plus sûrs et des décisions plus justes.

Art. 46. — On n'a pas cru devoir restreindre ces adjudications que les Etats seroient dans le cas de faire à la somme de six cent livres ; cette fixation est beaucoup trop modique.

Art. 57 et 58. — Les objets compris sous ces articles intéressent singulièrement la province, et Sa Majesté est suppliée de les prendre en considération. L'enregistrement d'une loi nouvelle ne peut être précédé de trop d'information. Les effets de la loi ne seront sûrement calculés par ceux qui connoîtront la province sous tous ses rapports et qui auront fait leur étude unique de ses besoins. Quant à l'égalité des voix entre les deux premiers ordres et le troisième aux prochains Etats-Généraux, ce n'est qu'à l'aide de ce moyen qu'on peut obtenir un vœu national. Les communes aimeroient mieux renoncer au droit d'y paroître que d'y porter un suffrage nul par la prépondérance des deux premiers ordres.

Signé : Le Lieutenant-Général de Vesoul, président.

XLII

Le Comte de Puységur au Marquis de Saint-Simon.

Versailles, le 27 décembre 1788.

Je ne puis que vous remercier infiniment de l'avis, que vous avez bien voulu prendre le soin de me donner, du nombre des écrits dangereux qui se répandent dans la province de Franche-Comté, qui y exaltent les têtes et qui, y arrivant de toutes les provinces du royaume, vous font craindre une confédération générale. Les écrits de cette espèce ne sont pas moins répandus icy et dans tout le reste du royaume qu'ils paroissent l'être en Franche-Comté ; mais il y a lieu d'espérer que les lettres de convocation aux Etats-Généraux, qui vont être incessamment adressées, ne laisseront plus de doutes sur les intentions du gouvernement et produiront l'heureux effet de ramener le calme dans les esprits.

XLIII

Le Comte de Puységur à messieurs les Commissaires du Roy aux Etats.

Versailles, le 31 décembre 1788.

Monsieur le Directeur-Général et moi avons mis sous les yeux du Roi les projets de règlement relatif aux Etats de Franche-Comté que les deux premiers ordres et le troisième ont rédigé chacun de leur côté.

Ces projets sont absolument opposés l'un à l'autre. D'ailleurs, un grand nombre de gentilshommes réclament contre celui même qui a été envoyé par la Chambre de la Noblesse; ainsi les membres de l'un des deux ordres ne sont pas plus d'accord entre eux que les deux premiers avec le troisième.

Dans ces circonstances, Sa Majesté a cru qu'avant de prononcer sur un objet aussi important pour la province et sur lequel les avis sont si partagés, elle devoit s'assurer du vœu général de ses habitants.

Voici comme elle a décidé qu'ils le lui feroient connoître.

La Franche-Comté est divisée en quatre Grands-Bailliages, dans chacun desquels il va se tenir une assemblée où il sera procédé à l'élection des députés que le pays enverra aux Etats-Généraux. Ces assemblées, en même temps qu'elles rédigeront leurs cahiers de doléances, exprimeront, dans un acte séparé qui sera envoyé au Roi, leur vœu respectif sur la constitution à donner aux Etats de la province.

Si le moment où elles se sépareront se trouve encore éloigné de l'époque de l'ouverture des Etats-Généraux, l'assemblée consultative ordonnée par l'arrêt du 1er novembre sera convoquée de nouveau et elle sera renforcée des députés que chaque ordre aura choisi dans les assemblées bailliagères pour le représenter aux Etats-Généraux. Elle examinera les actes et plans relatifs au régime à régler qui auront été dressés dans les assemblées bailliagères, et les délibérations qu'elle prendra à ce sujet seront mises ensuite sous les yeux de Sa Majesté qui statuera alors ce qu'il appartiendra.

Si, au contraire, la tenue des Etats-Généraux est trop prochaine pour que cet arrangement soit praticable, cette affaire pourra y être traitée comme celles du même genre qui intéressent d'autres provinces, et, après la clôture des Etats-Généraux, on mettra en activité les Etats particuliers de Franche-Comté.

Tel est le parti auquel Sa Majesté, après un mûr examen, a cru devoir s'arrêter. Elle l'a adopté d'autant plus volontiers qu'il est analogue à celui que le Tiers-Etat l'a supplié de prendre, et que les Chambres du Clergé et de la Noblesse ayant, à quelques restrictions près, adhéré à la demande qu'il a faite, elle doit la regarder en quelque sorte comme le vœu des trois ordres.

J'ai l'honneur de vous adresser la lettre qu'elle écrit aux Etats pour leur faire connoître ses intentions. Elle vous charge de la leur présenter.

Vous y verrés qu'elle leur marque qu'ayant été assemblés pour faire connoître leur vœu sur les changements à apporter à leur constitution, cet objet est maintenant rempli; qu'ainsi rien ne s'oppose plus à ce qu'ils se séparent, et que cela est même d'autant plus indispensable que la plupart de leurs membres seront obligés d'assister aux assemblées qui vont se tenir dans la province pour l'élection de ses députés aux Etats-Généraux.

S'il se présentoit quelques difficultés, le Roi se repose sur votre prudence et sur vos lumières du soin de les lever.

J'attends vos observations sur les projets dont il s'agit dans cette lettre; j'en rendrai compte à Sa Majesté lorsque le moment où elle aura à prononcer sur ces projets sera arrivé.

XLIV

Les Commissaires du Roi aux Etats au Comte de Puységur.

Besançon, le 5 janvier 1789.

Nous n'avons reçu que ce matin la lettre dont vous nous avez honorés, en date du 31 décembre dernier, à laquelle étoit jointe celle que Sa Majesté écrit aux Etats de cette province et qu'elle nous charge de leur présenter. Nous aurions bien désiré pouvoir nous acquitter de ce devoir sur le champ; mais les Etats étoient déjà assemblés au moment où cette dépêche nous a été remise. D'ailleurs, en convoquant les trois ordres précipitamment, il étoit à craindre que cela ne produisit un mauvais effet. Nous avons donc préféré de renvoyer cette assemblée à demain, quoique ce soit un jour de fête.

Si votre dépêche étoit arrivée quelques jours plus tôt, elle auroit évité bien des réflexions auxquelles cette assemblée s'est livrée depuis le départ de leur plan d'organisation, réflexions qui pourroient bien occasionner quelques difficultés à la séance de demain. C'est ce dont nous aurons l'honneur de vous informer par le prochain courrier.

XLV

Les Commissaires du Roi aux Etats au Comte de Puységur.

Besançon, le 7 janvier 1789.

Nous avons eu l'honneur de vous faire connoître avant-hier les motifs qui nous avoient forcés de remettre au lendemain l'exécution des ordres que nous avions reçus pour la clôture des Etats de Franche-Comté. En effet, dans la soirée, nous sommes convenus avec les présidents des trois ordres que l'heure de notre entrée aux Etats seroit fixée au lendemain 3 heures précises de l'après-midi, la solennité du jour ne permettant pas au Clergé de se rassembler le matin.

Le courrier ordinaire, arrivé le 5 au matin, avoit apporté à plusieurs membres des Etats des exemplaires du *Résultat du Conseil d'Etat tenu à Versailles le 27 décembre*. Cette décision prononçoit sur une question importante d'une manière contraire aux désirs d'une partie nombreuse des deux premiers ordres. Deux objets avoient fixé principalement l'attention, la convocation par bailliage (1) et le grand nombre de députés accordés au Tiers-Etat (2). Le premier article avoit affecté surtout diffé-

---

(1) « ..... ce nombre (de mille) sera formé, autant qu'il sera possible, en raison composée de la population et des contributions de chaque bailliage..... »

(2) « ..... le nombre des députés du Tiers-Etat sera égal à celui des deux

remment chacun des membres selon qu'il favorisoit ou contrarioit leurs espérances d'être députés aux Etats-Généraux par l'assemblée des Etats ou par les assemblées bailliagères. Une grande fermentation, une scission complète dans la Chambre du Clergé et dans celle de la Noblesse ont été la suite de la lecture du Résultat du Conseil. La Chambre du Clergé a arrêté dès le 5 les démarches qu'elle avoit à faire en cette circonstance. La Chambre de la Noblesse est entrée hier à 9 heures du matin; à 2 heures elle n'étoit pas séparée. M. l'Archevêque de Besançon nous a priés de retarder le moment de notre entrée aux Etats. Elle a eu lieu, en effet, à 7 heures du soir. Nous avons l'honneur de vous envoyer copie de nos discours. Tout s'est passé dans cette séance de la manière accoutumée.

Revenus chez nous, M. l'Archevêque et M. le prince de Bauffremont sont venus, de la part des deux premiers ordres, pour nous faire part de la protestation qu'ils avoient cru devoir déposer au greffe du Parlement et dont copie vous est adressée. Un moment après, une partie des gentilshommes et des ecclésiastiques est venu nous apporter des contre-protestations dont nous avons l'honneur de vous envoyer copie. M. le prince de Montbarrey a cru devoir une protestation particulière qu'il nous a remise. Ce matin, une autre partie des gentilshommes et des ecclésiastiques est venu nous faire part que les deux premiers ordres avoient arrêté hier une députation composée de M. l'abbé de Marnésia, de M. l'abbé de Charmoille, de M. le comte de Moustier et de M. de Bancenel de By. Ils partiront après-demain. L'objet de leur mission est d'obtenir la révocation de la faculté accordée aux assemblées bailliagères de choisir les députés pour les Etats-Généraux. Nous sommes même chargés de vous demander au nom d'une partie des deux premiers ordres la suspension de l'envoi des lettres de convocation jusqu'à l'arrivée des députés.

Ce matin, le Parlement a nommé des commissaires pour examiner les protestations des deux premiers ordres déposées hier au greffe. Vous pouvés juger par ce récit de la fermentation et

---

autres ordres réunis et..... cette proportion sera établie par les lettres de convocation..... »

de la division qui régnoient dans cette assemblée et de la nécessité de la dissoudre.

XLVI

Le Vicomte de Toulongeon au Prince de Bauffremont.

Besançon, le 6 janvier 1789.

Je prie M. le prince de Bauffremont de me donner acte qu'aïant demandé qu'il soit fait à la Chambre une lecture publique du résultat du Conseil, contre lequel elle protestoit d'avance, cette demande m'a été refusée, quoique cette lecture publique n'eût pas encore eu lieu.

XLVII

Le Prince de Bauffremont au Vicomte de Toulongeon.

Besançon, le 6 janvier 1789.

Au moment où la Chambre de la Noblesse étoit occupée du parti qu'elle devoit prendre relativement à la manière dont elle devoit réclamer ses droits sur la façon dont on devoit élire les députés aux Etats-Généraux, M. le vicomte de Toulongeon, voulant détourner ce travail, a proposé la lecture du résultat du Conseil d'Etat du Roi sous prétexte qu'il n'avoit pas été lu à la Chambre assemblée. La Chambre, par acclamation, en a vu le motif et l'a rejeté. J'ai pensé de même. Je savois que tous les membres de la dite Chambre l'avoient vu et réfléchi depuis vingt-quatre qu'il étoit à Besançon; que, devant être dissous dans l'après-midi, nous avions un travail indispensable à faire, et je m'y suis opposé, ainsi que les trois quarts et demi de la Chambre.

XLVIII

Protestations de vingt-deux gentilshommes contre l'arrêt de la Chambre de la Noblesse du 6 janvier 1789 (1).

L'obéissance aux ordres du prince est un devoir auquel tout

---

(1) Imprimé en 1789.

Français est assujetti; quand il ne lui prescrit rien qui soit contraire aux lois. Le résultat du Conseil, contre lequel la Chambre proteste aujourd'hui, est l'acte le plus favorable aux droits de la Nation qui soit jamais émané de la justice du souverain. Il y reconnoît que l'ancienne constitution autorise les trois ordres à délibérer et voter séparément ; que l'intention de Sa Majesté est seulement de mettre les Etats-Généraux à portée d'adopter l'une ou l'autre forme de délibération ; que l'ancienne délibération par ordre ne peut être changée que par le concours des trois ordres. Le Roi reconnoît les droits de la Nation et la convoque pour qu'elle discute ses intérêts.

C'est dans ce moment qu'une partie de la noblesse de Franche-Comté s'oppose à ces vues d'équité en refusant de paroître ou de prendre part aux Etats-Généraux et en cherchant à lier les membres de cette Chambre par ses protestations. Quel en peut être le motif ? Nous n'en voïons point d'autre qu'une convocation plus complète du Tiers, dont la province même a donné l'exemple en regardant aussi comme indifférent le nombre des représentants respectifs de chaque ordre. Nous ne pouvons ni ne devons pas davantage nous opposer à la convocation par bailliage qui tient à la constitution du royaume, et qui a été adoptée lorsque cette province fut appelée aux Etats de Tours. Enfin, nous avons cru qu'il étoit du devoir de tout Français d'adhérer à la constitution que jugeront à propos de se donner les représentants de la Nation assemblés en Etats-Généraux.

Forcés par nos principes, mais avec douleur, nous déclarons hautement que nous n'entendons adhérer en rien à la dite protestation, réclamant contre la violence injuste qui seroit faite à nos opinions et qui les entraineroit dans le vœu illégalement exprimé par une pluralité incompétente pour statuer sur les intérêts de la Nation entière. Déclarons de plus que le présent acte dicté par la nécessité et par notre zèle pour le bien public, sera remis à MM. les Commissaires du Roi, aux Chambres du Clergé et du Tiers ; que copie en sera déposée chez un notaire pour recevoir l'adhésion de ceux de notre ordre qui adopteront notre sentiment.

Fait en la Chambre de la Noblesse le 6 janvier 1789.

Signé : Prince de Saint-Mauris, vicomte de Toulongeon; Le

Michaud d'Arçon; baron de Raclet de Mercey; marquis de Monciel; marquis de Lezay-Marnésia; comte de Portier; comte de Reculot; baron de Fraguier; marquis de Château-Renaud; chevalier d'Autume; marquis de Froissard-Bersaillin; comte de Raincourt; baron de Glanne; vicomte de Sagey; marquis de Vaulchier du Deschaux; baron de Montjustin; chevalier de Trestondans; comte de Chaillot; vicomte de Romanet; marquis de Toulongeon; comte de Grammont (1).

Contrôlé à Besançon le 6 janvier 1789, R. 15 f. — Signé : Le Febvre.

Déposé en l'étude de M⁰ Laude, conseiller du Roi, notaire au dit Besançon, le 6 janvier 1789. Contrôlé en la dite ville le lendemain.

Pour expédition, signé : Laude.

XLIX

Le Prince de Saint-Mauris-Montbarrey au Prince de Bauffremont, président de la Chambre de la Noblesse.

Besançon, le 6 janvier 1789.

Ce matin, lors des délibérations, j'ai cru devoir dire que dans toutes les assemblées, il me sembloit qu'il étoit d'usage de faire, avant de se séparer, des actes conservatoires des privilèges de l'assemblée ; mais qu'il me paraissoit contre toutes règles de faire des protestations sur des objets inconnus légalement, et

---

(1) 11 membres de la Chambre de la noblesse protestèrent par actes séparés : MM. *le prince de Saint-Mauris-Montbarrey, le duc du Châtelet, le marquis de Grammont, le marquis de Raincourt, le chevalier de Raincourt, le prince de Broglie, le comte de Bannans, le comte de la Verne, le chevalier de Chaillot, le baron de Poutier de Gouhelans, le marquis de Montrichard.* Il faut joindre à leurs protestations celles de 168 gentilshommes et nobles de la province qui déposèrent des actes d'adhésion au manifeste des vingt-deux au greffe des Hôtels de ville de Besançon (13), de Salins (12), de Dole (43), de Gray (32), de Vesoul (17), d'Arbois (10), de Poligny (8), de Pontarlier (10), d'Ornans (4) et de Lons-le-Saunier (19).

de se lier par des engagements dont peut-être on ne connoissoit pas toute l'étendue.

D'après ces principes, j'ai cru devoir m'abstenir de donner mon avis sur les objets qui ont été mis en délibération.

Dans ce moment où je viens d'apprendre les intentions de Sa Majesté par l'organe de MM. les Commissaires, instruit des vues de sa Majesté pour accélérer l'assemblée des Etats-Généraux du roïaume, je me soumets entièrement et sans réserve à ce que la sagesse du Roi vient de nous faire connoître à cet égard.

L

Le Prince de Saint-Mauris-Montbarrey aux Etats de Franche-Comté.

Besançon, le 6 janvier 1789 (1).

Instruit par l'organe de MM. les Commissaires du Roi des intentions de Sa Majesté et de ses vues pour accélérer le moment de l'assemblée des Etats-Généraux du roïaume, je me soumets entièrement et sans réserve à ce que sa sagesse vient de nous faire connoître sur cet objet.

LI

Les Commissaires du Roi au Comte de Puységur.

Besançon, le 7 janvier 1789.

Hier, peu avant la clôture de l'assemblée des Etats, une députation de la Chambre du Tiers-Etat nous a apporté une délibération par laquelle elle a arrêté d'écrire au Roi pour le supplier d'accorder des lettres de noblesse à M. de Raze, lieutenant-général de Vesoul, qui vient de faire pendant cette tenue d'Etats les fonctions de président de la Chambre du Tiers-Etat.

Nous nous réunissons bien volontiers pour appuyer cette demande. M. de Raze étoit, par sa place, président né du Tiers-Etat; cependant, dès le premier jour de l'assemblée, il a re-

---

(1) A 7 heures du soir.

noncé, tant pour lui que pour ses successeurs, à cette prérogative. Son corps, touché de cette preuve de patriotisme, l'a élu sur le champ par acclamation pour présider cette tenüe, et sollicite pour lui des lettres de noblesse comme un dédommagement du droit de présidence qu'il a perdu pour l'avenir.

Nous ajouterons que M. de Raze a eu pendant tout le cours de cette tenue une conduite digne des plus grands éloges. Il s'est montré également ferme pour soutenir les droits du Tiers-Etat et conciliant pour réunir tous les partis. Il s'est acquis des droits à l'estime des trois ordres, et si votre suffrage peut attirer sur lui la grâce que son corps sollicite, nous vous attestons qu'elle ne sauroit être mieux placée.

Si vous vous déterminés à accueillir cette demande, je crois qu'il est utile que vous vouliez bien nous charger incessamment de l'annoncer au sieur de Raze.

LII

Le Comte de Puységur aux Commissaires du Roi aux Etats.

Versailles, le 13 janvier 1789.

J'ai reçu avec la lettre que vous m'avés fait l'honneur de m'écrire le 7 de ce mois les protestations et contre-protestations d'une partie des Chambres du Clergé et de la Noblesse des Etats de Franche-Comté, enfin l'écrit par lequel M. le prince de Montbarrey a déclaré qu'il se soumettoit sans réserve à ce que Sa Majesté a cru devoir régler.

Je vous remercie du soin que vous avés pris à me les envoyer.

La remise que les deux Chambres dont il s'agit ont faite au Parlement de leurs protestations, pourra avoir des suites; je vous prie de ne me les pas laisser ignorer.

M. le Garde des Sceaux, M. le Directeur-Général et moi nous allons prendre de concert les ordres du Roi sur cette affaire importante.

La fermentation qui a régné dans l'assemblée des Etats, dont vous venés de faire la clôture, a rendu très-difficile et très-délicate la mission que vous avés été chargés d'y remplir. La manière dont vous vous en êtes acquittés a répondu à la confiance de Sa Majesté, elle me charge de vous témoigner combien elle est satisfaite des nouvelles preuves de votre zèle éclairé pour son service que vous lui avés données dans cette occasion.

LIII

Le Comte de Puységur au Prince de Saint-Mauris-Montbarrey, au Vicomte de Toulongeon, etc.

Versailles, le 23 janvier 1789.

L'arrêt du Parlement de Besançon qui a supprimé l'acte de dépôt et les imprimés de votre protestation du 6 de ce mois, vient d'être cassé par l'arrêt du Conseil, dont j'ai l'honneur de vous adresser un exemplaire. Sa Majesté, qui m'ordonne de vous l'adresser, me charge en même temps de vous témoigner combien les sentiments exprimés dans cette protestation sont dignes d'éloge, et combien elle en est satisfaite. Je vous prie de ne pas douter du plaisir avec lequel je m'acquitte de cet ordre.

LIV

Le Comte de Puységur au Prince de Saint-Mauris-Montbarrey.

Versailles, le 23 janvier 1789.

Le Roi me charge de vous marquer avec quel plaisir il a vu que vous vous êtes séparé de ceux des membres de la Chambre de la Noblesse des Etats de Franche-Comté qui ont protesté contre la décision portée par le résultat du Conseil du 27 décembre. Sa Majesté a reconnu, dans l'écrit par lequel vous avés cru devoir manifester votre soumission à ses ordres, les sentiments dont vous avés toujours fait profession et dont vous lui avés donné trop de preuves pour qu'elle puisse jamais en douter.

6.

LV

Le Comte de Puységur au Marquis de Langeron.

Versailles, le 23 janvier 1789.

Le Roi a cru devoir casser l'arrêt du Parlement de Besançon du 12 de ce mois, par lequel cette cour a supprimé les actes de dépôt et les exemplaires de deux protestations du 5 et du 6 du même mois souscrites, l'une par neuf membres de la Chambre du Clergé (1) des Etats de Franche-Comté, l'autre par vingt-deux de celle de la Noblesse. J'ai l'honneur de vous adresser l'expédition de l'arrêt du Conseil qui prononce cette cassation.

Je joins à cette expédition 150 exemplaires du même arrêt. Il sera nécessaire que vous en remettiés une à chacune des personnes qui ont signé les protestations dont il s'agit. Vous pourrés distribuer les autres dans la province.

Il ne faudra pas que vous fassiés afficher cet arrêt du Conseil, quoique cela soit porté par une disposition qu'il renferme. Je vous envoye les lettres que j'écris par ordre du Roi, tant à M. le prince de Montbarrey qu'aux ecclésiastiques et aux gentilshommes par qui ont été faites les protestations dont il est question dans l'arrêt du Parlement.

Je vous prie de les leur faire parvenir. Il m'a paru convenable que ce fût par vous qu'ils les reçussent. Comme il est bon que vous aïés connoissance de ce que je leur marque, je joins ici copie de cette lettre.

---

(1) Ils étaient réellement dix : MM. *Matherot de Romange*, prieur de Jussey ; *Gaillande*, prieur de Colonne ; *Marmet*, doyen du chapitre de Saint-Michel de Salins ; *Seguin*, chanoine de la métropole ; *Domet*, doyen du chapitre d'Arbois ; *Huchet*, chanoine de la chapelle royale de Gray et prieur de Saint-Louis-sous-Montenot ; *Longpré*, chanoine du chapitre de Champlitte ; *Millot*, chanoine du chapitre de Sainte-Marie-Madeleine ; *Poinsot*, chanoine du chapitre de Ray ; *Bourgon*, chanoine du chapitre de Villersexel.

NOTE

DOCUMENTS IMPRIMÉS A CONSULTER.

1° *Arrêté unanime du Parlement de Besançon à la séance du matin du 8 mai 1788;*
2° *Discours de MM. les Syndics à la noblesse de Franche-Comté à l'ouverture de la séance du 1er octobre 1788;*
3° *Procès-verbal rédigé par la noblesse de Franche-Comté assemblée à Quingey le premier octobre mil sept cent quatre-vingt-huit;*
4° *Mémoire au Roi rédigé par la noblesse de Franche-Comté, etc.;*
5° *Arrêt du Conseil d'Etat du Roi portant convocation d'une assemblée des anciens Etats de Franche-Comté;*
6° *Procès-verbaux des séances des Etats de Franche-Comté assemblés à Besançon;*
7° *Résultat du Conseil d'Etat du Roi tenu à Versailles le 27 décembre 1788;*
8° *Liste des gentilshommes et nobles de la province de Franche-Comté qui ont adhéré aux dispositions annoncées dans le Résultat du Conseil du Roi du 27 décembre 1788;*
9° *Arrêt du Parlement de Besançon du 12 janvier 1789, portant suppression des actes de dépôt et des exemplaires de deux protestations du 5 et du 6 du même mois souscrites, l'une par dix membres de la Chambre du clergé des Etats de Franche-Comté, l'autre par vingt-deux membres de la Chambre de la noblesse;*
10° *Notices curieuses et intéressantes de ce qui a précédé, accompagné et terminé les Etats de Franche-Comté tenus à Besançon le 27 novembre 1788.*

Ces documents, devenus fort rares, se trouvent dans deux recueils de pièces relatives à la Révolution, l'un aux Archives du Doubs (t. I et II), l'autre à la Bibliothèque de Besançon (*Cat. hist.*, n°s 4002 à 4008, 4563 à 4565).

Besançon. Imprimerie Dodivers.

86

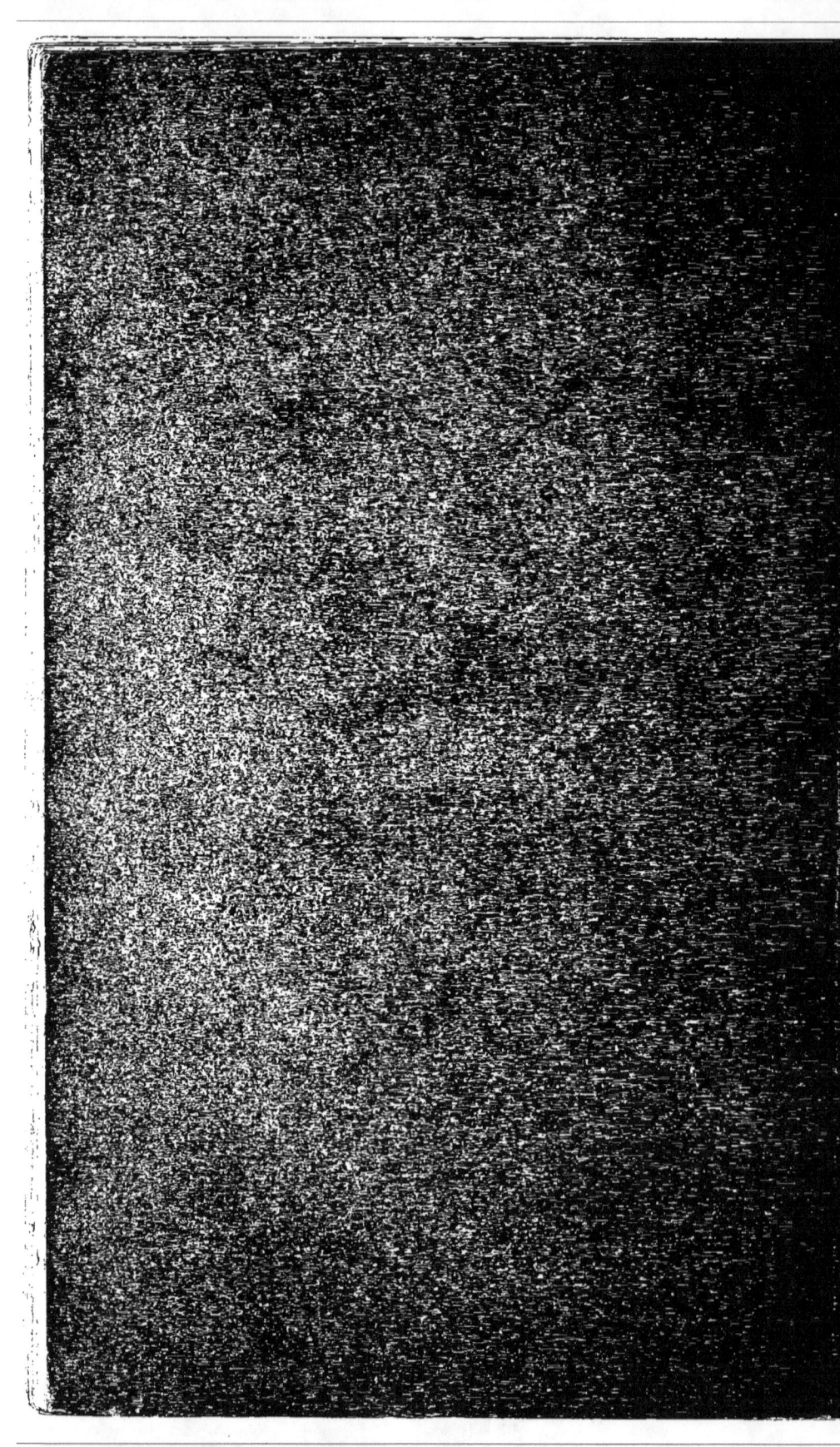

www.ingramcontent.com/pod-product-compliance
Lightning Source LLC
Chambersburg PA
CBHW070309100426
42743CB00011B/2409